新たなワークキャンプ実践の可能性

堤 拓也 著

佛教大学研究叢書

ミネルヴァ書房

は じ め に

　ワークキャンプとは，参加者の主体的な意思を前提として，労働と宿泊という活動形態を伴いながら，社会課題の解決を目指したボランティア活動である。筆者が初めてワークキャンプに参加したのは，2011年の夏のことである。当時，大学１年生であった筆者は，大学の先輩に誘われ，国立ハンセン病療養所「邑久光明園」(瀬戸内市）で実施されているワークキャンプに参加した。そして，そこで出会った仲間とともに，東日本大震災の復興支援を目的としたワークキャンプにも参加するようになり，そこから十数年間，邑久光明園と岩手県大船渡市赤崎町という２つのフィールドにおけるワークキャンプに関わり続けてきた。少ない時には20名弱，多い時には40名以上のメンバーとともに，約１週間，ボランティア活動に取り組み，そうした活動の中で，海岸清掃，草刈り，ベンチづくり，たこ焼きづくり，交流会，ワークショップ，炊事，掃除，リフレクションなどのノウハウはもちろんのこと，ボランティアとは一体何なのだろうか，自分とは一体何者なのだろうか，といった様々な問いや気づきを得てきた。ワークキャンプは偶発的な学びの契機を豊かに内包した実践である。

　2020年以降，新型コロナウイルス感染症の感染拡大により，多くの対面での活動が中止せざるをえない状況に追い込まれた。社会全体でデジタル化が急速に推し進められるとともに，自己責任論およびそこから生じるゼロリスク志向が強まっているように感じられる。こうした傾向は，コストパフォーマンスやタイムパフォーマンスといった言葉にも見て取れる。しかし，偶発的な学びは，一見失敗とされることや無駄とされることの中にこそあるのではないだろうか。偶発的な学びが忌避されつつある現代社会において，ワークキャンプもまた苦境に立たされている。しかし，こうした時代だからこそ，そこでの学びの意義と可能性を改めて考究していく必要があろう。

i

本書は，新たなワークキャンプの可能性を探る試みとして，ワークキャンプのサービス・ラーニングとしての意義と課題を明らかにすることを目的としている。サービス・ラーニングとは，構造化された学習活動とボランティア活動を組み合わせた実践である。もともとは，社会課題の解決と大学における専門教育の結合を意図して生み出された実践であるが，近年では，大学における専門教育のみならず，初年次教育として，あるいは，小学校，中学校，高等学校等でも取り組まれるなど展開をみせている。ますます複雑化する社会において，教育に求められる役割も刻一刻と変化している。ボランティア活動のもつ多様な学びの契機を活かした教育実践への期待が高まっているということだろう。

　サービス・ラーニング研究において，ボランティア活動を振り返り，学びにつなげるためのリフレクションに関する研究は様々に行われているものの，ボランティア活動を通して，参加者が具体的にどのように学びを展開しているのかという点はまだまだ明らかにされていない。本書がワークキャンプおよびサービス・ラーニングの実践・研究を発展させる一助となれば幸いである。

新たなワークキャンプ実践の可能性

目　次

はじめに

序　章　サービス・ラーニングにおける学びの問い直し …………………1

　　1．求められる「まなびほぐし」のプロセスの探究 ……………………1

　　2．対話的教育実践としてのワークキャンプの可能性と課題 ……………3

　　3．本書の目的と構成…………………………………………………………5

第Ⅰ部　文献研究

第1章　サービス・ラーニング概念の再検討 ………………………11

　第1節　相互エンパワメント実践としてのサービス・ラーニング ……12

　　1．サービス・ラーニングにおけるサービスと学習の不可分性 …………12

　　2．サービス・ラーニングの特徴としての学習と互恵………………………14

　　3．互恵の原理としての相互的なエンパワメント …………………………16

　第2節　互恵を基軸としたサービス・ラーニングの再定義 …………18

　　1．サービス・ラーニングにおけるフレイレ教育理論の意義 ………………18

　　2．互恵的な関係を構築する「意識化」と「対話」………………………23

　　3．コミュニティ・エンパワメント実践としてのサービス・ラーニング……26

第2章　国内の大学におけるサービス・ラーニングの
　　　　現状と課題…………………………………………………29

　第1節　国内の大学におけるサービス・ラーニング研究の
　　　　　傾向と課題 ……………………………………………………29

　　1．サービス・ラーニング研究におけるサービスの質を問う研究の少なさ…29

　　2．大学におけるサービス・ラーニングの課題としての時間的制約 ………35

iv

第2節　国内の大学におけるサービス・ラーニング事例の
　　　傾向と課題 ……………………………………………38
　1．サービス・ラーニングにおける学習と体験の組み合わせの多様性 ……38
　2．求められるサービス・ラーニングの形態の捉え直し ………………47

第**3**章　学生セツルメントおよびワークキャンプにおける
　　　学習論研究の意義 …………………………………………51

第1節　学生セツルメント研究における学びの視点 ………………51
　1．大学拡張の理念に基づく学びと自己形成 ………………52
　2．戦後の学生セツルメントにおける学びの多様性………………55
第2節　ワークキャンプ研究における学びの視点 ………………59
　1．ワークキャンプにおける親密圏と公共圏の生成プロセス ………………59
　2．異質な他者との出会いから生じる〈ゆらぎ〉の学習論 ………65
　3．周辺支援者・教員・実践者の役割と学び ………………69
　4．ワークキャンプにおける学習評価研究の課題 ………………71
第3節　学生ボランティア活動における学習論研究の意義 …………72
　1．ワークキャンプの現代版セツルメントとしての可能性 …………72
　2．学生ボランティア活動における学習論研究の展望と課題 …………73

第Ⅱ部　実践分析

第**4**章　ワークキャンプにおける学びの契機と様態……………81

第1節　分析枠組み ……………………………………81
　1．本書におけるワークキャンプの定義 ………………81
　2．対象とするワークキャンプの概要 ………………82
　3．ワークキャンプにおける学びを捉える視座 ………………87

4．研究方法 ……………………………………………………………93

第2節　エピソードに内在する学びの契機と様態 ………………………96

　　1．ワークキャンプ序盤における学びの契機と様態………………………96

　　2．ワークキャンプ中盤における学びの契機と様態 ……………………108

　　3．ワークキャンプ終盤における学びの契機と様態 ……………………115

　　4．求められる〈ゆらぎ〉の構造的理解 ………………………………123

第5章　ワークキャンプ初参加者の〈ゆらぎ〉の生成プロセス …127

第1節　分析枠組み…………………………………………………………127

　　1．本章の位置づけ ………………………………………………………127

　　2．分析方法 ………………………………………………………………127

第2節　〈ゆらぎ〉に関するストーリー・ラインと理論記述 …………128

　　1．自然・他者・自己との出合いから生じる多様な〈ゆらぎ〉…………128

　　2．〈ゆらぎ〉を通したボランティア活動への認識・行動変容 …………130

第3節　ワークキャンプにおける多層多元的な学習構造の可能性……132

　　1．ワークキャンプ初参加者における〈ゆらぎ〉の様相 ………………132

　　2．ワークキャンプにおける多層多元的な学習構造 ……………………135

　　3．ワークキャンプにおける学びの意義の再構築へ向けて ……………138

第6章　ワークキャンプにおける複数の役割経験から
　　　　　生じる〈ゆらぎ〉の意義 ……………………………………141

第1節　分析枠組み…………………………………………………………141

　　1．本章の位置づけ ………………………………………………………141

　　2．分析方法 ………………………………………………………………141

第2節　複数の役割経験から生じる〈ゆらぎ〉の様相……………………141

　　1．リーダーとしての成長の問い直し …………………………………141

目　次

　　2　ボランティア観の問い直し …………………………………………144

　第3節　複数の役割経験から生じる〈ゆらぎ〉の可能性………………148

　　1　〈ゆらぎ〉を意味づける「まなびほぐし」の意義……………………148

　　2　〈ゆらぎ〉によって促進される学びのダイナミクス …………………150

　　3　異なるフィールドの学びを交差させるワークキャンプの可能性 ………151

第Ⅲ部　考察・補章

第7章　ワークキャンプのサービス・ラーニング
　　　　としての可能性 ………………………………………………155

　第1節　ワークキャンプの学習論としての〈緩やかで
　　　　　断続的なゆらぎ〉 …………………………………………………155

　　1　自己と世界の結節点において生じる〈ゆらぎ〉 …………………155

　　2　〈緩やかで断続的なゆらぎ〉を生み出すワークキャンプの特徴 ………158

　第2節　ワークキャンプにおける〈ゆらぎ〉の学習論のもつ意義……161

　　1　〈ゆらぎ〉の個人モデルから相互作用モデルへ …………………161

　　2　互恵的な関係を構築するワークキャンプの可能性 …………………163

第8章　コロナ禍におけるワークキャンプの学習論のもつ意義…169

　第1節　分析枠組み ……………………………………………………169

　　1　本章の位置づけ …………………………………………………169

　　2　対象とするワークキャンプの概要 ………………………………170

　　3　研究方法 …………………………………………………………172

　第2節　コロナ禍のワークキャンプにおける筆者自身の〈ゆらぎ〉…172

　第3節　ポストコロナ社会への希望を紡ぐワークキャンプ研究………174

vii

終　章　持続可能な共生社会の実現に向けて ……………………………179

　　1．互恵的な関係の構築から「当事者性の交差」へ ………………………179

　　2．学校と社会の相互変容を目指して ………………………………183

おわりに　189

引用・参考文献　191

人名・事項索引　209

序　章
サービス・ラーニングにおける学びの問い直し

１．求められる「まなびほぐし」のプロセスの探究

　近年，構造化された学習活動とボランティア活動を組み合わせたサービス・ラーニング (Service Learning)[1] への注目が高まっている。なぜ，今，サービス・ラーニングへの注目が高まっているのか，その理由は様々に考えられるが，その理由の一つとして，これまでの学校教育で行われてきたボランティア活動体験学習，あるいは学校教育における学びそのものの見直しが求められているといえよう[2]。学びという営みについて研究を進める佐伯胖は，学校教育における学びについて，以下のような問題提起を行っている。

　　わたしたちがいつのまにか身に付けてしまっている「まなびの型」の最大のものは，「学校教育」への過剰適応である。たとえば，知識は「与えられて」得るものだと思い込んではいないだろうか。あるいは，勉強は「遊び」の反対語だとみなしていないだろうか。人が何をどう学ぶべきかについてはどこかで「きまっている」ことだとしてはいないだろうか。あるいは，学んだ結果はかならず「評価」されるものだとみなし，その「評価」を高めるための努力が「勉強」だと思い込んではいないだろうか。(佐伯, 2012, p.63)

　佐伯は，学習者が「これまでの『まなび』を通して身に付けてしまっている『型』としての『まなびの身体技法（まなび方）[3]』」を問い直し，解体し，組み替

えていくプロセスを「まなびほぐし」という言葉で表した（同上, p.62）。本書では，学習者がサービス・ラーニングを通した学び[4]を生み出していくプロセスにおいて，学習者のこれまで身に付けてきた思考・行動様式およびその基盤が不安定になる〈ゆらぎ〉と，その〈ゆらぎ〉を契機として生じる「まなびほぐし」のプロセスに注目する。本書において，〈ゆらぎ〉は，以下のような特徴をもつ概念として捉えている[5]。

　　学習者の学びの契機となる〈ゆらぎ〉とは，学習者がこれまでに身につけてきた思考・行動様式および基盤（すなわち「生活世界」）が不安定な状態になること（「ジレンマ」の感覚生起）であり，それは，一定の時間の中で，学習者の思考・行動様式および基盤に関する批判的自己省察（「自己検討」「批判的評価」「深層的なゆらぎ」）や，学習者に影響を与えてきた社会様式への気づきを伴う場合もある。

　結論を先取りすれば，本書では，こうした〈ゆらぎ〉を契機とする「まなびほぐし」のプロセスこそが，学習者のエンパワメント[6]を促進するとともに，現在求められる共生社会および持続可能な社会づくりの主体形成において，重要な意義をもちうるものだと捉えている。そして，このような学びのプロセスを生み出す実践としてサービス・ラーニングに注目する。

　サービス・ラーニングは，1960年代のアメリカにおいて，社会課題の解決と大学における専門教育の結合を意図して生み出された実践であり，当時の大学教育で行われていた専門教育のあり方を問い直す試みであった[7]。国内では，国際基督教大学などの一部の大学において，1990年代後半よりサービス・ラーニングが実施されており（佐藤, 2008, p.8），2000年前後からサービス・ラーニングを対象とした研究が取り組まれるようになった（唐木, 2010, p.7）。近年では，複数の学会の紀要論文において，「サービス・ラーニングの可能性」（国際ボランティア学会編, 2015），「大学のサービス・ラーニング」（比較教育学会編, 2019），「共

序　章　サービス・ラーニングにおける学びの問い直し

生社会を創造するサービス・ラーニングの評価」（日本福祉教育・ボランティア学習学会編, 2020）といった特集が組まれるなど，その可能性が注目されている。

　しかし，現在のサービス・ラーニング研究においては，実践の中で取り組まれるボランティア活動の具体的な形態を論じるものはほとんど存在せず，ボランティア活動を通した参加者の学びのプロセスは，いわゆるブラックボックス[8]となっている。サービス・ラーニングにおける学びを十全に捉えていくためには，特定のスキルの習熟や専門的な知識の向上といった活動前後の変化だけではなく，ボランティア活動における学びのプロセスを明らかにし，そこでの学びのプロセスが，学習者にとって，そして，現代社会にとって，どのような意義をもちうるのかという観点から研究を進めていく必要があろう。

2．対話的教育実践としてのワークキャンプの可能性と課題

　ドイツの社会学者であるベック（U. Beck）は，現代を生きる人々の変化を「個人化」という言葉で表した。ベックによれば，「個人化」とは，個人が身分や社会階級，家族という固定化された枠組みから解放される過程を意味する。ここで注意すべきは，ベックがこの解放過程を肯定的に捉えていたわけではなく，むしろ，解放された人々が，政治や教育，消費の制度に依存し，統制される危険性を示していることである（Beck, 1986 = 東・伊藤訳, 1998, pp.138–143）。また，ポーランド出身の社会学者であるバウマン（Z. Bauman）は，現代社会を「液状化」という言葉で表した。バウマンは，個人が自由になったことと引き換えに，社会に対する影響力をもちづらくなったと分析した（Bauman, 2000 = 森田訳, 2011, pp.3–20）。

　本書では，ベックやバウマンが述べるところの人々が分断され，紐帯が持ちづらくなった社会において，学習者が他者との交流を通して，これまでの自身の学びを省察し，自己と他者，自己と社会の関係を問い直し，自己変革および社会変革の主体となっていく可能性を秘めた実践としてワークキャンプに注目する。ワークキャンプは，第一次世界大戦の戦禍が残るフランスのヴェルダン

3

において，セレゾール（P. Ceresole）らによって行われた国際ワークキャンプを起源とする活動である。日本では，1923年の関東大震災の際に，日本フレンズ奉仕団のジョーンズ（T. E. Jones）を中心として行われた救援活動が初発とされる。その後，キリスト教各派，各大学 YMCA，FIWC（Friends International Work Camp）などでも取り組まれるようになり，1959年の伊勢湾台風の復旧活動を機に興隆をみせた（大津, 2009）。

1960年代後半以降，ワークキャンプは，ボランティア活動への動機づけ，青年ボランティアの組織化，ボランティアリーダーの養成などを目的として，JYVA（日本青年奉仕協会），VYS（Voluntary Youth Social worker），大阪ボランティア協会などでも行われるようになり，市区町村の社会福祉協議会へと広がっていく。しかし，1990年代以降，社会福祉協議会で行われていたワークキャンプは，参加者の裾野を広げるために増加した日帰りや単発のボランティア体験プログラムに置き換わり，減少していったという（佐藤, 2006, pp.156-159）。

現在，ワークキャンプは，社会福祉協議会の他に，市民団体，NGO，NPO，大学，学生団体といった多様な主体によって取り組まれている。1960年代のワークキャンプ興隆期と比べれば，その数は減少していると推察されるが，こうした取り組みは，現代的課題および若者の現状や欲求に応じた新しいワークキャンプを再創造しようとするものだと考えられる。

筆者自身，大学1年生の頃より，国立ハンセン病療養所「邑久光明園」（瀬戸内市）でのワークキャンプや東日本大震災の復興支援を目的とした岩手県大船渡市赤崎町でのワークキャンプに参加してきた。筆者は，ワークキャンプにおける他者との交流を通して，これまでに経験したことのない感情に出合ってきた。例えば，邑久光明園におけるワークキャンプでは，ハンセン病快復者の[9]Xさんから，幼少期における両親との離別に関する語りを受け，無意識のうちに涙が溢れてきた。また，赤崎町におけるワークキャンプでは，帰りのバスに乗り込む際に，見送りに来てくれた仮設住宅に住むYさんと握手を交わしながら互いに涙が止まらなくなった。さらに，ワークキャンプの帰路では，この

メンバーとなら何でもできるといった心強さや高揚感が満ちてくることもあった。こうした感情が生起する根源には，自己と他者の境界が一瞬曖昧になるような一体的関係，すなわち，ブーバー（M. Buber）やフレイレ（P. Freire）が述べるところの対話的関係[10]が生じていたように思われる。

　筆者は，こうしたワークキャンプにおける他者との対話的関係からなる相互作用を通して，これまでの生き方や価値観を揺さぶられながら，自分はこれからどう生きるべきか，また，集団としてどのような活動を展開していくべきかを考え，行動してきた。そして，筆者だけでなく，多くのメンバーがワークキャンプを通して変容していく過程を目の当たりにしてきた。しかし，ワークキャンプには，宿泊を伴うというプログラムの性質上，事前準備やスケジュールの調整が容易ではないという課題がある。佐藤陽が，先行研究において，1990年代以降，社会福祉協議会で行われていたワークキャンプが減少していったと述べていた理由もこうした点にある。

3．本書の目的と構成

　前述の通り，現在，ワークキャンプは，その数を減らしながらも，社会福祉協議会，市民団体，NGO，NPO，大学，学生団体といった多様な主体によって取り組まれている。このような現代的課題および若者の現状や欲求に応じようとする新しいワークキャンプを発展させていくためには，そこでの学びの特徴を明らかにするとともに，近年，大学などで取り組まれるサービス・ラーニングとしての可能性を探究することが求められよう。すなわち，本書の目的は，ワークキャンプのサービス・ラーニングとしての意義と課題を明らかにすることにある。換言すれば，サービス・ラーニングにおけるボランティア活動の一形態としてのワークキャンプの学習論のもつ意義と課題を考究することが本書のねらいである。

　本書は大きく，文献研究（第1章・第2章・第3章），実践分析（第4章・第5章・第6章），考察・補章（第7章・第8章）の3部構成となっている。まず，第

1章では，文献研究を通して，互恵概念を基軸としたサービス・ラーニングの定義を示す。第2章では，国内の大学におけるサービス・ラーニング研究のレビューおよび事例分析を通して，現在行われているサービス・ラーニングの現状と課題を明らかにする。第3章では，互恵概念を基軸としたサービス・ラーニングを構築しうるボランティア活動として，学生セツルメントおよびワークキャンプの先行研究を取り上げ，両者の学習論の類似性について検討を行うとともに，第4章以降の研究課題を整理する。第4章から第6章では，筆者が10年来参与観察を続けるワークキャンプの事例分析を通して，ワークキャンプにおける学びの構造と意義について，学習者の〈ゆらぎ〉の観点から考究する。第7章では，第4章から第6章の実践分析を踏まえ，ワークキャンプの学習論としての〈緩やかで断続的なゆらぎ〉という概念を示し，そうした学習論を内在するワークキャンプのサービス・ラーニングとしての意義と課題について考察する。第8章では，コロナ禍という未曾有の状況下におけるワークキャンプの学習論のもつ意義について考察を行う。なお，本書における第3章，第5章，第6章，第8章は，以下に示す論文を加筆修正したものである。

［第3章］
堤拓也（2022a）「学生セツルメントおよびワークキャンプに関する研究の課題と展望——ボランティアの学びに注目して」『神戸大学大学院人間発達環境学研究科研究紀要』15(2)，pp.39–51
［第5章］
堤拓也（2022b）「ワークキャンプにおける多層多元的な学習構造の意義——参加者のゆらぎの生成プロセスに注目して」『日本福祉教育・ボランティア学習学会研究紀要』38，pp.76–89
［第6章］
堤拓也（2022c）「ワークキャンプにおける複数の役割経験から生じるゆらぎの意義——まなびほぐしのプロセスに注目して」『日本福祉教育・ボランティ

ア学習学会研究紀要』39，pp.114-128

［第8章］

堤拓也（2023）「コロナ禍の福祉教育・ボランティア学習実践における〈ゆら
　　ぎ〉の意義——ワークキャンプにおける異質な他者との出会いの『型』のま
　　なびほぐし」『日本福祉教育・ボランティア学習学会研究紀要』41，pp.11-
　　18

注

(1)　クームス（P. H. Coombs）は，教育の形態を，フォーマル教育（学校教育として
　　制度化された教育活動），ノンフォーマル教育（学校教育外で目的をもって構造化
　　された教育活動），インフォーマル教育（日常経験などに基づいた構造化されてい
　　ない学習過程全般）という3つの様式に整理している（Coombs & Ahmed, 1974,
　　pp.7-9）。こうした観点からサービス・ラーニングを捉えると，サービス・ラーニ
　　ングは，フォーマル教育あるいはノンフォーマル教育とボランティア活動を組み合
　　わせた実践といえる。本書では，こうした広義のサービス・ラーニングを視野に入
　　れつつ，主として大学教育におけるサービス・ラーニングについて考究する。

(2)　長沼豊は，これまで学校教育で行われてきたボランティア活動体験学習とサービ
　　ス・ラーニングを比較し，従来のボランティア活動体験学習においては，市民教育
　　としての理念，活動の質を問う姿勢，批判的考察の機会，教科学習へ還元するとい
　　う発想が不足していたのではないかと分析している（長沼, 2008, pp.210-213）。

(3)　佐伯胖によれば，「人は生まれ落ちた瞬間から，なんらかの『世界』に投げ込ま
　　れており，そこでその『世界』特有の『型』を身に付けさせられている」（佐伯, 2012,
　　p.60）という。すなわち，佐伯のいう「まなび」とは「世界」との関わりそのもの
　　であり，「まなびの身体技法（まなび方）」とは「世界」との関わり方を意味する概
　　念だと解せよう。

(4)　本書では，サービス・ラーニングにおける学びを「ボランティア活動を機軸とす
　　る学習の総体」（松岡, 2010, p.162）として捉える。すなわち，学びという概念につ
　　いて，学習者による意識的な学習という意味だけではなく，松岡広路によって「主
　　体的行為を含むものの，予期せぬ出会いや偶発的な出来事を含み，さらに小さな発
　　見や感動さえも包み込むカオス」（松岡, 2006b, p.45）と概念化されるような広い概

念として捉えている。

(5) 〈ゆらぎ〉の概念については，第4章第1節において改めて検討を行う。

(6) 久木田純は，エンパワメントという言葉について，「社会的に差別や搾取を受けたり，自らコントロールしていく力を奪われた人々が，そのコントロールを取り戻すプロセス」（久木田, 1998, p.22）と定義している。サービス・ラーニングにおけるエンパワメントの概念については，第1章第1節において改めて考察を行う。

(7) サービス・ラーニングの発祥については，"First Professional Steps : A Journey into Uncharted Territory"（Stanton, Giles Jr. & Cruz, 1999）に詳しい。国内の論文では，藤村好美がスタントン（T. K. Stanton）らの書籍を引用し，詳しく論じている（藤村, 2010）。

(8) 国内のサービス・ラーニング研究の動向については，第2章第1節で改めて論じる。

(9) ハンセン病問題に意識的な人々のあいだでは「ハンセン病回復者」という言葉が使われることが多いが，ハンセン病と向き合い，乗り越え，人生を切り拓いてきた人々への尊敬の意を込め，「ハンセン病快復者」という言葉を用いる場合もある。本書では後者を採用する。

(10) ブーバーは，人間が世界と関わる態度として〈我─汝〉〈我─それ〉という二重の根源語を示し，〈我─それ〉は〈我─汝〉の直接的かつ相互的な関係の一部を切り取り，対象化したものであり，関係の欠如，現在の欠如を意味すると論じた（Buber, 1923 = 植田訳, 1979, pp.18-20）。すなわち，〈我─それ〉とは，他者を分析対象として見るという態度を示し，目の前にいる他者そのものではなく，過去の経験としての他者を見るということを意味する。したがって，このような状態では〈我─汝〉の相互作用は起こりえない。ブーバーはこのような議論を踏まえ，「対話的な生とは，ひとびとと多くの関わりを持つ生ではなくて，関わりのあるひとびとと真に関わりあう生である」（同上, p.222）と述べ，〈我─汝〉の関係を目指す〈対話〉の可能性を示した。フレイレも『被抑圧者の教育学』において，世界を変革するための〈協同〉は〈我─汝〉の関係に基づくものであり，〈対話〉はあらゆる〈協同〉の基礎になければならないと論じている（Freire, 1970 = 小沢ほか訳, 1979, pp.227-228）。

第Ⅰ部

文献研究

第1章
サービス・ラーニング概念の再検討

アメリカの高等教育におけるサービス・ラーニングの研究者であるジャコビー（B. Jacoby）は，サービス・ラーニングの概念について，以下のような概念規定を行っている。

サービス・ラーニングとは，学生の学びや成長を増進するような意図を持って設計された構造的な機会に，学生が人々や地域社会のニーズに対応する活動に従事するような経験教育の一形式である。省察 reflection と互恵 reciprocity は，サービス・ラーニングのキー概念である。

(Jacoby, 1996, p.5 = 山田訳, 2007, pp.44–45)

ジャコビーの定義は，国内のサービス・ラーニング研究において，サービス・ラーニングの代表的な定義として紹介されてきた[1]。しかし，ジャコビーのいう互恵とはどのような概念なのか，サービス・ラーニングは地域・社会にどのように働きかけようとする実践なのかといった問いは，これまで十分に論じられてこなかった。本章では，サービス・ラーニングの展開過程をたどることを通して，サービス・ラーニング概念の再検討を試みる。

第Ⅰ部　文献研究

第1節　相互エンパワメント実践としてのサービス・ラーニング

1．サービス・ラーニングにおけるサービスと学習の不可分性

　サービス・ラーニングは，公民権運動，ベトナム反戦運動，貧困との闘いなど，既存の価値観が揺らぐ1960年代のアメリカにおいて，新たな教育へのアプローチを探る試みの中で生み出された実践である（藤村，2010）。当時，アメリカ南部地域教育委員会で取り組まれていたサービス・ラーニングのディレクターを務めていたオコンネル（W. R. O'Connell）は，サービス・ラーニングについて，「社会にとって有益なサービスを実行することと，そこでの経験を専門的に解釈して知識と自己理解を深めることの組み合わせを最も適切に表す言葉」（O'Connell, 1973, p.5）と述べている。すなわち，サービス・ラーニングは，社会課題の解決と大学における専門教育の結合を意図して生み出された実践であり，当時の大学教育で行われていた専門教育のあり方を問い直す試みであったといえよう。

　しかし，アメリカのサービス・ラーニングの研究者であるケンダル（J. C. Kendall）によれば，1960年代の終わりから1970年代の初めに生み出されたプログラムの多くは，長くは続かなかったという（Kendall, 1990, p.8）。ケンダルは，これらのプログラムから学ぶべき教訓として，組織的な支援の不足，支援者と被支援者における権力関係の不均衡，学習およびサービスの質を高めるための方法論の弱さといった課題をあげている（同上, pp.8-10）。このような課題を受け，全米インターンシップ・経験教育協会は，1987年より，77の公的機関とともに，当時のプログラムの指導者によるアドバイスのレビューに取り組んだ。そして，その成果は，1989年のウィングスプレッド会議において，『サービスと学習の結合に向けたすぐれた実践の原理（Principles of Good Practice in Combining Service and Learning)』として，以下のようにまとめられた。

第1章　サービス・ラーニング概念の再検討

　私たちの国は，地域生活における積極的な市民性と参加によって成り立っている。私たちは，各人がサービスを提供でき，また，そうすべきであるといつも信じてきた。

　質の高いサービスプログラムが経時的に創造され，維持されるために，そして，どれだけサービスが重要であり，現在進行中の人生の一部となりうるのかを各人が理解するために，公益のためのサービスと省察的な学習を結合させることは極めて重要である。サービスと学習の結合は，それぞれに付加価値を与え，両者を変容させる。

　サービスを提供する人とされる人は，こうして，情報に基づいた判断力，想像力，スキルを身につけ，共通善に貢献するための能力を高めることができるのである。

　以下の原則は，良い実践に不可欠な要素であると私たちが信じていることを表明したものである。この原則は，それぞれのニーズや目的に合わせて，使用してほしい。

　効果的かつ持続的なプログラムは，
1．人々を共通善のために責任ある挑戦的な行動に巻き込む
2．人々がサービスの経験を批判的に省察するために構造化された機会を提供する
3．すべての関係者にとっての学習目標を明確にする
4．ニーズのある人々がニーズを決定することを可能にする
5．関係する人々および機関のそれぞれの責任を明確にする
6．状況変化を認識するプロセスを通して，サービスの提供者とニーズをマッチングさせる
7．真に積極的で持続的な組織のコミットメントが必要とされる
8．サービスと学習の目標を達成するためのトレーニング，モニタリング，サポート，表彰，評価などが含まれる

第Ⅰ部　文献研究

9．サービスと学習のための時間的制約が柔軟かつ適切であり，すべての関係者にとっての最大の利益を保証する

10．多様な人々による，そして，多様な人々とともにあるプログラムへの参加を約束する

（A collaborative project of 77 national and regional organization, 1990, p.40）

　ジャコビーは，上記の原理における「サービスと学習の結合は，それぞれに付加価値を与え，両者を変容させる」という理念が，アメリカのサービス・ラーニングの進展に大きな影響を与えたと述べる（Jacoby, 1996, p.14）。すなわち，『サービスと学習の結合に向けたすぐれた実践の原理』は，サービスと学習のどちらかがなおざりになっていては質の高いサービス・ラーニングのプログラムは実現しえないという原理，つまり，サービス・ラーニングにおけるサービスと学習の不可分性をサービス・ラーニングに関わる教育者および研究者に広く提示したといえよう。

　さらに，ジャコビーによれば，ウィングスプレッド会議の後，1990年代に入り，アメリカではサービス・ラーニングに関する文献や会議が著しく増加したという（同上, p.15）。ジャコビーは，その代表的な文献として，『サービスと学習の結合（Combining Service and Learning）』（Kendall, 1990）という全3巻からなる書籍をあげている。『サービスと学習の結合』は，全米経験教育協会の賛助のもと，91の国や地域の関係団体の協力を得て出版された書籍であり，サービス・ラーニングに関する幅広い知見が収められている。以下では，アメリカにおけるサービス・ラーニング黎明期といえる1990年代前後に出版された『サービスと学習の結合』に収められている論文を中心に取り上げ，サービス・ラーニングに内在する原理について考察を行う。

2．サービス・ラーニングの特徴としての学習と互恵

　ケンダルは『サービスと学習の結合』において，「プログラムの一種として

のサービス・ラーニング」と「教育哲学としてのサービスラーニング」という
２つの側面からサービス・ラーニングの特徴を述べている（Kendall, 1990, pp.20-
23）。まず，ケンダルは「プログラムの一種としてのサービス・ラーニング」
について，サービス・ラーニングのプログラムは，従来，アメリカで取り組ま
れてきたコミュニティ・サービスとは異なり，学習（learning）と互恵（reciproc-
ity）を重視するという点をあげている。そして，ここでの学習について，サー
ビス・ラーニングは，「参加者が取り組んでいるニーズの背後にある，より大
きな社会的課題についての学習を促すという特徴を含む」（同上, p.20）もので
あり，「参加者に慈善事業の文脈ではなく，社会的公正や社会政策といったよ
り大きな文脈での問いを促す」（同上, p.20）ものだと説明されている。そして，
そこでのプログラム上の工夫としては，地域課題から州や国の課題，地球的課
題へと学習が展開していくように，「準備作業，セミナー，グループディスカッ
ション，日誌，読書，報告会などを組み込む」（同上, p.21）という。

　また，互恵について，ケンダルは「サービス・ラーニングにおけるすべての
関係者は学習者であり，何を学ぶべきかを決める役割を担っている。サービス
を提供する側と提供される側の双方が教え，学ぶのである」（同上, p.22）と述
べている。ケンダルによれば，このような視点に立って作成されたプログラム
がパターナリズムを回避するためには必要だという。さらに，ケンダルは，「教
育哲学としてのサービスラーニング」の文脈においても，サービス・ラーニン
グは「互恵的な学習の哲学であり，学生とコミュニティとの間の相互作用を促
すダイナミックでインタラクティブなアプローチである」（同上, pp.22-23）と述
べている。そして，最後に，「サービス・ラーニングとは，特別な原理原則に
基づいた，サービスと学習を組み合わせたプログラムの一種である」（同上, p.23）
と結論づけている。

　ここまでのケンダルのサービス・ラーニングに関する説明を整理すると，ま
ず，「プログラムとしてのサービス・ラーニング」という観点からは，（１）学
習者がより広い文脈から社会課題を捉えるための仕組みが取り入れられている，

第Ⅰ部　文献研究

（２）支援者と被支援者はともに学習者であり，プログラムは協働的に作成される，という２つの特徴が述べられていた。次に，「教育哲学としてのサービス・ラーニング」という観点からは，サービス・ラーニングは学生とコミュニティの相互作用を促すアプローチである，という特徴が述べられていた。そして，ここで強調されていたのが互恵の概念であった。

　前述の通り，ケンダルは，互恵の概念について，「サービス・ラーニングにおけるすべての関係者は学習者であり，何を学ぶべきかを決める役割を担っている。サービスを提供する側と提供される側の双方が教え，学ぶのである」（同上, p.22）と述べていた。しかし，ケンダルによって，「サービス・ラーニングとは，特別な原理原則に基づいた，サービスと学習を組み合わせたプログラムの一種である」（同上, p.23）とまでして強調される互恵の原理とは，いったいどのようなものなのだろうか。以下では，『サービスと学習の結合』に収められているシグモン（R. Sigmon）の論文を基に，サービス・ラーニングにおける互恵概念についてさらなる考察を進める。

3．互恵の原理としての相互的なエンパワメント

　ケンダルが『サービスと学習の結合』のイントロダクションで述べていた，「サービス・ラーニングにおけるすべての関係者は学習者であり，何を学ぶべきかを決める役割を担っている」（同上, p.22）という一文は，『サービスと学習の結合』に収められている「サービス・ラーニングの三原則」（Sigmon, 1990）から示唆を得たものだと考えられる。シグモンは，この論文の中で，サービス・ラーニングの三原則として，第一にサービスの受け手が提供されるサービスをコントロールする，第二にサービスの受け手が彼ら自身の行動によってサービスを実施できるような，そして，サービスを受けられるような，よりよい状態となる，第三にサービスを提供する側も学習者であり，期待される学習内容を大きくコントロールできる，という３つの原則を示した（同上, p.57）。

　シグモンが示した，サービスを提供する側も学習者であり，期待される学習

内容について大きくコントロールすることができる，という第三の原則については，「学生だけでなく，教員，その機関やコミュニティの指導者，サービスを受けている人々も学習者とみなす」（同上，p.61）と説明されており，ケンダルが述べていた，サービス・ラーニングにおけるすべての関係者は学習者である，という説明と同義といえよう。そして，シグモンが示した第一，第二の原則は，サービスを提供する側と提供される側の関係およびサービスの目的を表す原則であり，ここに示される関係こそが互恵的な関係を捉える上で重要だと考えられる。

それでは，シグモンがこの第一，第二の原則において意識していた，サービスを提供する側とされる側の互恵的な関係とは，どのような関係なのだろうか。まず，第一の原則において，サービスは，サービスの提供側ではなく，受け手によってコントロールされるべきであるという原則が示され，さらに，第二の原則において，サービスの受け手自身がサービスを実施できるようになることがあげられている。つまり，サービスの受け手は，受身の状態に陥るのではなく，自ら判断し，行動する主体となっていくことが目指されていた。ここで，サービス・ラーニングに関わるすべての人は学習者であるという第三の原則も踏まえると，シグモンがサービスを提供する側とされる側の互恵的な関係として描き出そうとしていたのは，双方が学習活動を通して互いにエンパワメントされていくような関係だったのではないだろうか。

エンパワメントという語は，17世紀に法律用語として用いられ，公民権運動やフェミニズム運動において広く用いられるようになった言葉である（久木田，1998, pp.10-11）。ジェンダー，人種差別，宗教，貧困，教育，心理学，福祉，医療，精神保健，ビジネスなど，幅広い分野で用いられるエンパワメントの概念を整理した久木田純は，エンパワメントについて，「すべての人間の潜在能力を信じ，その潜在能力の発揮を可能にするような人間尊重の平等で公正な社会を実現しようとする価値」（同上，pp.21-22）に基づく概念であり，「社会的に差別や搾取を受けたり，自らコントロールしていく力を奪われた人々が，その

第Ⅰ部　文献研究

コントロールを取り戻すプロセス」（同上，p.22）と定義している。パターナリズムの陥穽に陥ってしまった反省から生み出されたサービス・ラーニングは，こうしたエンパワメントのプロセスを重視するに至ったということであろう。

　ところで，シグモンは，当時，ノースカロライナ州ウェイク郡におけるヘルスエデュケーションセンターのディレクターを務めていた（Sigmon, 1990, p.56）。ヘルスエデュケーションの分野では，これまで，フレイレ（P. Freire）の教育理論を背景としたコミュニティ・エンパワメントの理論と実践が積み上げられてきた（Israel et al., 1994, p.154）。シグモンがサービス・ラーニングの原理として重視していた互恵的な関係，すなわち，相互にエンパワメントを促進する関係について，より具体的に理解するためには，サービス・ラーニングにおけるフレイレの教育理論の位置づけとともに，コミュニティ・エンパワメントの概念についても整理しておく必要があろう。以下節を改め，サービス・ラーニングにおけるフレイレの教育理論の位置づけと意義について検討を行う。

第2節　互恵を基軸としたサービス・ラーニングの再定義

1．サービス・ラーニングにおけるフレイレ教育理論の意義

　サービス・ラーニングにおけるデューイ（J. Dewey）とフレイレの教育理論の位置づけについて検討を行ったディーンズ（T. Deans）は，両者がともに，教育というプロセスを，批判的・主体的市民を形成するための重要なメカニズムとして捉えた上で，デューイはより有機的な市民参加という概念に希望を抱き，フレイレは「批判的意識（critical consciousness）」と「実践（praxis）[2]」という概念に焦点を当てていたと分析する（Deans, 1999, p.20）。さらに，ディーンズは，こうした違いにより，両者の教育哲学には大きな差異が生じたと述べる。その差異とは，まず，フレイレは文化や階級，人種の多様性を視野に入れた文化人類学的アプローチを重視したが，デューイはあまり重視しなかったという点，もう一つは，フレイレはマルクス主義の影響を受け，社会・経済の抜本的

な改革に焦点を当て，支配的・抑圧的な社会構造における教育システムやその位置づけに対して問題提起を行ったが，デューイは社会におけるコミュニケーションと問題解決に焦点を当て，改革的な社会の再構築というよりは，社会の修正や再活性化を通して形成される「慈愛に満ちた（largely benevolent）」社会構造を想定していたという点である（同上, p.20）。

ディーンズの「慈愛に満ちた」という表現はやや抽象的で理解し難いが，デューイは『公衆とその諸問題』（Dewey, 1927 = 阿部訳, 2014）において，「善良な市民（good citizen）」からなる社会の理想像を描いていた。それは，デューイによって「大共同社会（The Great Community）」という言葉で表される社会像である。デューイは，以下のように述べている。

　　大共同社会とは，不断に拡大し続け，また複雑に分岐する協働的活動の諸結果が言葉の完全な意味において熟知され，その結果組織された明確な「公衆」が出現するような社会である。（同上, p.227）

ここで，デューイは，「大共同社会」について，「協働的活動（associated activity）の諸結果」が熟知され，「公衆（public）」が出現するような社会，という概念規定を行っている。ここでの「協働的活動」とは，アソシエーション，すなわち，何らかの目的や関心に基づいて形作られた集団による活動のことを意味する。さらに，デューイは，こうしたアソシエーションの例として，「盗賊団」と「善良な市民」による集団を対比し，「盗賊団は他の集団と柔軟に影響しあうことはできない」（同上, p.185）が，「善良な市民は，政治的集団の成員としての彼の行為が，彼の家族生活や企業や科学上また芸術上の団体への参加を実りあるものにし，またそれによって実りあるものにされていると感じ」（同上, p.185）ており，「多様な集団間の作用と反作用とは相互に集団を強化しあい，彼らの価値を調和に導く」（同上, p.185）と述べている。すなわち，デューイは，善意に基づく多種多様なアソシエーションの相互作用が，「大社会」から「大

第Ⅰ部　文献研究

共同社会」への変化を生み出すきっかけになりうるものだと捉えていた。さら
に，デューイは「公衆」について，以下のように述べている。

　　もし公衆が存在すべきものとするならば，実現されなければならぬ条件の
　いくつかを述べることはできる。われわれは専門化された装置としての科学
　には無知であるとしても，科学の精神と方法とから多くのそうした条件を借
　りることはできる。明らかな必要条件は，社会的探究の自由およびその結論
　を分配する自由である。(同上, p.206)

　デューイは，「公衆」が存在するための条件として，「社会的探究の自由」と
「その結論を分配する自由」をあげた。「探究 (inquiry)」は，デューイの教育
理論における中心概念である。以下に，『民主主義と教育』(Dewey, 1916 = 松野
訳, 1975) における「探究」のプロセスを示す。

１．困惑・混乱・疑惑。それは，情況の完全な性格がまだ決定されていない
　　不完全な状況の中に人がまきこまれていることから起きる。
２．推測的予想——与えられているいろいろな要素についての試験的解釈。
　　それは，それらの要素に一定の結果をもたらす傾向があると主張する。
３．考究中の問題を限定し明確にするものを，得られる限りすべて，注意深
　　く調査すること (試験，点検，探索，分析)。
４．その結果起こる試験的仮説の精密化。それによって，その仮説はさらに
　　広い範囲の事実と一致することになるから，それは，さらに正確な，さ
　　らに整合的なものになる。
５．現存の事態に適用される行動の計画として，案出された仮説に一応立脚
　　して見ること。すなわち，予想された結果をもたらそうと，何かを実際
　　に行い，それによって仮説を試すこと。

(Dewey, 1916 = 松野訳, 1975, pp.239–240)

第1章　サービス・ラーニング概念の再検討

　このプロセスを要約すれば，（1）困惑・混乱・疑惑，（2）推測的予想，（3）調査，（4）仮説の精緻化，（5）仮説の検証，ということになる。すなわち，デューイにとっての「公衆」とは，以上のような「探究」のプロセスと，そこで得られた知見を自由に活用できるような条件のもとで立ち現れる存在だとされていた。つまり，デューイの教育理論においては，このような条件のもとで，社会に主体的に関わり，改善していくような「善良な市民」像が想定されていたといえよう。表1-1に，改めて，ディーンズの文献の中で述べられていたデューイとフレイレの教育理論について整理したものを示す。

　ディーンズによれば，サービス・ラーニングのプログラムの多くはデューイの教育理論に依拠しているという。しかし，ディーンズは，サービス・ラーニングの実践者が単一の教育理論の枠組みに捉われるべきではないと主張する。むしろ，教育者および研究者が時間をかけてサービス・ラーニングの型を作り上げることが，より良いサービス・ラーニングのプログラムにつながるという（Deans, 1999, p.26）。

　ディーンズは，サービス・ラーニングの新たな可能性を考究するために，デューイだけではなくフレイレの教育理論を取り上げた。しかし，前述の通り，サービス・ラーニングは，パターナリズムの陥穽に陥らないために，互恵的な関係，すなわち，相互にエンパワメントを促進していく関係を目指して生み出された実践であった。こうした点を踏まえると，デューイだけでなくフレイレの教育理論も取り上げるといった消極的な考えではなく，権力の不均衡を強く意識していたフレイレの教育理論を取り入れることによってこそ，サービス・ラーニングはその内実が伴うものになるのではないだろうか。フレイレは『被抑圧者の教育学』（Freire, 1970 = 小沢ほか訳, 1979）において，教師と生徒の関係について，以下のように述べている。

　　課題提起の方法は，教師─生徒の活動を二分することはない。つまり，かれらがある時点では認識し，別の時点では一方的に語りかけるということは

第Ⅰ部　文献研究

表1-1　ディーンズによるデューイとフレイレの教育理論の対比

デューイ	フレイレ
知識と行動の弁証法（the knowledge/action dualism）	
・学習の起点 　デューイにとって，学ぶこと，知ることは，状況，すなわち，「疑問の分かれ道（forked road of doubt）」から生じ，行動によって実質化される（p.17） ・知の生成過程 　知識は探求から生まれる。それは，思考と行動の絡み合い，すなわち，行為のなかの省察や行為の後の省察を通して，疑問から新たな疑問が生まれてくるといった循環的な関係にある（p.17）	・学習の起点 　フレイレは学習を，状況に対する人々の創造的な反応，つまり，現実的な問題に対する個人の関わりに位置づける（p.20） ・知の生成過程 　「知識は創造（invention）と再創造をとおしてのみ，また，人間が世界のなかで世界とともに，相互に追及する不断の，やむにやまれない，永続的で，希望に満ちた探求をとおしてのみ，生まれてくるものである」（p.21）※引用元（Freire, 1970 = 小沢ほか訳，1979，p.67）
個人と社会の弁証法（the individual/social dualism）	
・教育の目的 　デューイのエネルギーは,市民的価値の共有,あらゆる人を包み込む「民主主義の信念」，統一された国家共同体を促進することに注がれている（p.18） 　「人々が共通にもっているものに対する洗練された創造力と，人々を不必要に分裂させるどんなものに対しても逆らう反抗心を，発達させること」（p.18）※引用元（Dewey, 1916 = 松野訳，1975，pp.194-195）	・教育の目的 　フレイレは，社会から疎外された人々と対話を行い，社会制度に組み込まれた支配的な神話を暴き，マルクスの社会理論に近い方法で権力と階級の関係を認識することをより強く求めている（p.22） 　フレイレは，単に心を変えるだけでなく，現実の環境を変えたいと考えている。そして，学校だけでなく，より大きな文化的・経済的構造をも変えようとしている（p.22）

出所："Service-Learning in Two Keys : Paulo Freire's Critical Pedagogy in Relation to John Dewey's Pragmatism"（Deans, 1999）より筆者作成

ない。教育計画を準備していようと生徒との対話に取り組んでいこうと，かれはつねに認識している。かれは認識対象を自分の私有物とはみなさないで，自分自身と生徒による省察の対象と考えるのである。このようにして課題提起型の教育は，生徒の省察のなかで，たえず自らの省察を改める。生徒は，もはや従順な聴き手ではなく，今や教師との対話の批判的共同探究者である。教師は生徒に考えるための材料を与え，生徒が発表するかれらの考えを聴きながら自分の以前の考えを検討する。（同上, pp.82-83）

第1章　サービス・ラーニング概念の再検討

『被抑圧者の教育学』では，教師と生徒の関係が詳細に論じられている。それは，支配─被支配という現実社会における権力や階級構造をどのようにして変えていけるのかという鋭い問題意識から導かれたものであった。こうした問題意識のもと，フレイレは，支配者としての教師のもつ抑圧性を厳しく批判し，教師と生徒の新しい関係として，対話的関係を提起した。すなわち，教師が教え，生徒が教わるといった「銀行型教育」に代わる教育方法として，「対話」をベースとした「課題提起型教育」を提起し，学習者を「従順な聴き手」ではなく「批判的共同探究者」として位置づけ直した。互恵という概念が重視され，教師と生徒の関係，支援者と被支援者の関係が重要なテーマとされてきたサービス・ラーニングにおいては，改めて，フレイレの教育理論に学ぶべきところが大きいのではないだろうか。

フレイレは，ブラジルにおける識字教育実践を通して『被抑圧者の教育学』を作り上げたが，フレイレの「対話」に根ざした教育理論は，識字教育の分野のみならず，様々な分野へと影響を与えた。「サービス・ラーニングの三原則」を示したシグモンが取り組んでいたヘルスエデュケーションもそのような分野の一つである。以下では，健康教育の分野において理論化されたコミュニティ・エンパワメントの概念を取り上げ，サービス・ラーニングにおける互恵概念についてさらなる考察を進める。

2．互恵的な関係を構築する「意識化」と「対話」

健康教育の研究者であるイスラエル（B. A. Israel），チェコウェイ（B. Checkoway），シュルツ（A. Schulz），ジマーマン（M. Zimmerman）は，エンパワメントの全体像を，個人レベルのエンパワメント，組織レベルのエンパワメント，コミュニティレベルのエンパワメント，という3つのレベルから捉えた。イスラエルらの論文を基に筆者が作成したコミュニティ・エンパワメントの概念図を図1−1に示す。なお，ここでのエンパワメントは，「人々が自身の生活状況をよりよくするための行動を起こすために，個人的，社会的，経済的，政治的な

23

第 I 部　文献研究

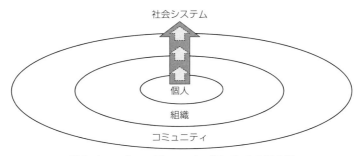

図1-1　コミュニティ・エンパワメントの概念図
出所：筆者作成

要因を理解し，コントロールできるようになること」(Israel et al., 1994, p.152)と定義されている。

　イスラエルらは，まず，個人レベルのエンパワメントについて，「個人が意思決定を行い，自身の私生活をコントロールできるようになること」(同上, p.152)と定義した上で，（1）自己効力感や個人の能力，（2）自分自身の生活をコントロールできているという感覚，（3）制度や意思決定に影響を与えるための参加のプロセス，が組み合わされたものだと概念化した。次に，組織レベルのエンパワメントについては，「個人が組織内をコントロールする力を高めていくことのできるプロセスと，組織がより大きなコミュニティの政策や意思決定に影響を及ぼすことの両方が組み込まれている」(同上, p.152)と説明する。また，コミュニティレベルのエンパワメントについては，「エンパワメントされたコミュニティとは，個人や組織がそれぞれのニーズを満たすために彼ら自身のスキルや資源を集団的な取り組みの中で発揮している状態を指す」(同上, p.153)と定義した上で，「エンパワメントされた組織と同様に，エンパワメントされたコミュニティも，より大きな社会システムの意思決定と変革に影響を与える能力をもっている」(同上, p.153)として，その特徴を示している。すなわち，イスラエルらによれば，個人レベルのエンパワメントは組織レベルのエンパワメントとの関係の中でしか捉えられず，組織レベルのエンパワメント

第1章　サービス・ラーニング概念の再検討

はコミュニティレベルのエンパワメントとの関係の中でしか捉えられない。イスラエルらは，コミュニティ・エンパワメントという概念を通して，社会から切り離された文脈で用いられがちな個人的・心理的なエンパワメントの概念を，改めて社会的，経済的，政治的文脈の中に位置づけたといえる[3]。

　イスラエルらは，こうしたあらゆる次元のエンパワメントの連関作用からなるコミュニティ・エンパワメントの概念を説明するにあたり，フレイレの「意識化（conscientization）」の概念を引用している。フレイレの「意識化」は，『被抑圧者の教育学』の訳注において，小沢有作，楠原彰，柿沼秀雄，伊藤周によって以下のように解説されている。

　　フレイレはこの言葉を，抑圧され非人間化され，「沈黙の文化」のなかに埋没させられている民衆が，「調整者」（たんなる教師ではなく，民衆の苦悩と希望を共有することによって自らの人間化を求めようとする「ラディカルズ」）の協力をえて，対話や集団討論——すなわち，学習によって自らと他者，あるいは現実社会との関係性を認識し意味化する力を獲得しながら，自らと他者あるいは現実世界との関係を変革し人間化しようとする自己解放と同時に相互解放の実践，といったダイナミックな意味でつかっている。

（Freire, 1970 = 小沢ほか訳, 1979, p.1）

　イスラエルらは，フレイレの「意識化」における，実践とは認識変容と社会変革の一体的な取り組みであるという考えを理論的背景としてコミュニティ・エンパワメントの概念を提起した。すなわち，個人レベルのエンパワメントと組織およびコミュニティレベルのエンパワメントは同時にしか促進されえないということである。こうしたコミュニティ・エンパワメントの概念をサービス・ラーニングのプログラムに当てはめると，サービス・ラーニングに関わるあらゆる人々が実践への参加を通してエンパワメントされていくとともに，そのサービス自体が社会への影響力をもつような実践が求められるということで

25

第Ⅰ部　文献研究

あろう。

　改めて，ここまでの議論を整理すると，シグモンやケンダルが強調していた
サービス・ラーニングにおける互恵的な関係，すなわち，相互にエンパワメン
トを促進していく関係を構築していくためには，フレイレの教育理論における
「対話」（教師と生徒，支援者と被支援者を「批判的共同探究者」とみなす考え方）と
「意識化」（実践とは認識変容と社会変革の一体的な取り組みであるという考え方）が
重要な意義をもつといえよう。そして，こうした考え方が，ウィングスプレッ
ド会議において提示されたサービスと学習の不可分性や，シグモンのサービ
ス・ラーニングに関わるすべての人は学習者であるといった考え方につながり，
サービス・ラーニングにおける互恵の原理として発展してきたといえるのでは
ないだろうか。

3．コミュニティ・エンパワメント実践としてのサービス・ラーニング

　前述の通り，アメリカのサービス・ラーニングのプログラムの多くは，デュー
イの教育理論を主な理論的背景として実施されている（Deans, 1999, p.26）。ア
メリカから日本に広がり，現在，大学を中心に取り組まれているサービス・ラー
ニングについても，その傾向は同様である。本章の冒頭でも述べたように，サー
ビス・ラーニングに関する国内の先行研究では，ジャコビーのサービス・ラー
ニングを「経験教育の一形式」とみなした定義がサービス・ラーニングの代表
的な定義として紹介されている。以下にジャコビーの定義を示す。

　　サービス・ラーニングとは，学生の学びや成長を増進するような意図を
　持って設計された構造的な機会に，学生が人々や地域社会のニーズに対応す
　る活動に従事するような経験教育の一形式である。省察 reflection と互恵
　reciprocity は，サービス・ラーニングのキー概念である。

（Jacoby, 1996, p.5 = 山田訳, 2007, pp.44-45）

第1章 サービス・ラーニング概念の再検討

　ここまで，本章では，文献研究を通して，サービス・ラーニング概念の形成過程において，互恵，すわなち，相互的なエンパワメントの概念が重視されてきたことを確認してきた。さらに，そうしたサービス・ラーニング概念におけるフレイレの教育理論の位置づけと意義について考察を進めてきた。ここまでの知見をまとめると，ジャコビーの定義は以下のように補足され，拡張されるべきではないだろうか。

　　サービス・ラーニングとは，学生の学びや成長を増進するような意図をもって設計された構造的な機会に，学生が人々や地域社会のニーズに対応する活動に従事するような経験教育の一形式である。同時に，学生がコミュニティの抱える現実的な課題解決を通して，その活動に関わるあらゆる人々，組織，コミュニティのエンパワメントを志向するコミュニティ・エンパワメントの一形式でもある。省察 reflection と互恵 reciprocity は，サービス・ラーニングのキー概念である。互恵的な関係は，対話と意識化によって構築される。

　本書では，サービス・ラーニングを以上のような実践として捉えた上で，このような互恵的な関係を構築するサービス・ラーニングのプログラムの構造について考究していく。

注

(1)　日本では，『ボランティア教育の新地平──サービスラーニングの原理と実践』(桜井・津止，2009) の序章でジャコビーの定義が紹介されており，さらに，その第2章で山田一隆による "Service-Learning in Today's Higher Education" (Jacoby, 1996) の全訳が掲載されている。

(2)　フレイレの教育理論における「実践」は，認識変容と社会変革の一体的な取り組みという意味で用いられている (Freire, 1970 = 小沢ほか訳，1979, p.1)。

(3)　福祉教育・ボランティア学習の文脈でエンパワメント論を分析した松岡広路も，

第Ⅰ部　文献研究

「抑圧されコントロールされてきた人々が心理的にエンパワーされることと，問題
を意識化し解決に向けて行動を起こすことと，社会の諸関係が変わっていくことが，
同時進行的な動きとなることが，エンパワメント・プロセスの本義である」（松岡，
2006a, p.28）として，エンパワメントの概念を心理・発達・社会運動モデルの統合
体として捉える必要性を述べている。

第2章

国内の大学におけるサービス・ラーニングの
現状と課題

　本章では，まず，国内の大学におけるサービス・ラーニングの先行研究を概観することで，その傾向と課題を示す。そして，先行研究の中で取り上げられているサービス・ラーニングの事例分析を通して，今後の国内の大学におけるサービス・ラーニングのプログラムに求められる構造を考究することを目的とする。事例研究の収集にあたっては，CiNii Research の論文検索を用いた。検索式は，（（サービス・ラーニング OR サービスラーニング）AND（大学 OR 高等教育））として，2001年から2020年までの論文を対象にタイトル検索を行った。検索の結果，得られた論文数は140件であり，そこから国内のサービス・ラーニングに関わる125件の論文を選定した。さらに，（1）一般雑誌における数ページの実践紹介や研究発表の要旨など論文とは異なる形式のもの，（2）CiNii Research に重複して掲載されているものを除いた79件の先行研究をレビューの対象とした。

第1節　国内の大学におけるサービス・ラーニング研究の傾向と課題

1．サービス・ラーニング研究におけるサービスの質を問う研究の少なさ

　表2−1に79件の先行研究を示す。79件の先行研究のうち，文献調査やインタビュー調査を通して国内外のサービス・ラーニングの事例を収集した研究は6件あった。このうち，3件は国内の大学におけるサービス・ラーニングの傾

第Ⅰ部　文献研究

表 2 - 1　国内の大学におけるサービス・ラーニングの先行研究

1　国内外のサービス・ラーニングの事例を収集した研究
（1）国内の大学におけるサービス・ラーニングの傾向と課題を論じた研究
  ・「わが国の高等教育におけるサービス・ラーニングの傾向に関する一考察──学びと貢献，慈善と変革による分類を通して」（眞所, 2013）
  ・"Current Status and Issues of Service-Learning in Japanese University Education : Referring to Practices at Portland State University"（唐木, 2016）
  ・「国内の大学におけるサービス・ラーニングの動向と課題」（福留, 2019）
（2）大学にサービス・ラーニングを導入するための事例収集を主な目的とした研究
  ・「大学におけるサービスラーニングの開発に関する研究──概念と取り組みの状況」（開・藤崎・神里, 2003）
  ・「立命館大学における『サービスラーニング』モデルの構築」（冨田ほか, 2009）
  ・「大学教育における，サービスラーニング導入の可能性について」（川田, 2013）

2　国内の大学におけるサービス・ラーニングの事例分析
（1）実践報告
  ・「市民教育としてのサービス・ラーニング──一般教育科目『ボランティアを問いなおす』における大学生の活動と学び」（川上, 2005）
  ・「大学におけるサービス・ラーニングの実践──堺市の中国帰国児童生徒教育との関わりを中心に」（中島, 2006）
  ・「サービスラーニングの実践とその意義──めいとうボランティア展 in 愛知淑徳大学 CCC を事例として」（小島・小林・ブイ, 2007）
  ・「『学社融合』社会における高等教育の役割（その 2）──サービス・ラーニングを導入した教育的展開のあり方」（齊藤, 2007）
  ・「人間科学部コミュニティー・サービス・ラーニングの概要」（渡邊, 2008）
  ・「ALS 当事者との出会いからはじまるサービスラーニング──湘南工科大学・立命館大学・立正大学との連携による IT プロジェクト報告」（市山ほか, 2009）
  ・「サービスラーニングの実践と理論的枠組み──短期大学と地域の協働の試みから」（有満・高見・中村, 2014）
  ・「大学におけるサービスラーニング活動としての『やさしい日本語』を使った読み物の制作──在留外国人との共生社会の実現のために」（飯島, 2014）
  ・「大分県姫島村における魚味噌加工業の進展とサービスラーニング──経営コンサルティングに焦点を当てた NPO 自分戦略デザイン大学の実践」（安倍・成田, 2015）
  ・"Service-learning and English as a foreign language education at Otemae University"（Ando et al., 2016）
  ・"Service-learning in the Philippines : A short-term project for university collaboration"（Ando et al., 2016）
  ・「マレーシア国立クランタン大学からの短期留学プログラムの受け入れ──サービスラーニングを通じたイスラム文化間との双方向の学び・地域アーカイブズ構築」（安倍, 2017）
  ・「聖路加国際大学における学部科目『サービスラーニング』の現状と課題」（髙橋ほか, 2018）
  ・「サービス・ラーニングを通じた学生の学びと変容およびその課題──長野大学での取り組み」（山浦・丹野, 2019）
  ・「大学教育における社会連携の一考察──立教大学におけるサービスラーニングに注目して」

30

（福原, 2018）

- ・「サービス・ラーニングパイロット科目の実践報告——大学と地域のパートナーシップと協働的な学びの形成」（高橋・三神, 2020）
- ・「発展的共通教育としての社会貢献活動の活用——大正大学のサービスラーニングの事例から」（齋藤, 2020a）
- ・「日本福祉大学における地域連携教育の系譜と特徴——サービスラーニングから COC 事業への展開を中心に」（原田, 2020）

（２）特定のスキルの習熟や専門教育におけるサービス・ラーニングの意義に関する研究

- ・「サービス体験を通して心理学を学ぶ——大学の心理学教育におけるサービス・ラーニング」（小林, 2007）
- ・「工科系大学におけるサービスラーニング教育——工科系の特質を生かした社会貢献活動実践型授業科目」（田坂ほか, 2007）
- ・「ソーシャルワーク教育におけるサービスラーニングの導入と実践——大学と NPO の協働による障害児の余暇活動支援を通して」（鳥海, 2008）
- ・「グローバル社会における市民性教育としてのサービス・ラーニング——プール学院大学の実践を事例として」（森定・関, 2009）
- ・「経済（学）教育とサービスラーニング——龍谷大学経済学部サービスラーニングセンターの取り組みを通して」（山田, 2009）
- ・「ジェネリックスキルの獲得に向けた大学教育プログラムの研究——海外サービスラーニング（カンボジア）における実践から」（山本, 2010）
- ・「コミュニティ・サービス・ラーニング型社会調査の可能性について——プール学院大学の実践を事例として」（森定・蔡, 2013）
- ・「異文化間コミュニケーション能力と英語学習に対するモチベーションの向上を目的とした大学生の国際サービスラーニング」（山崎, 2013）
- ・「学内博物館実習を活用したサービスラーニングの試みと成果——神戸大学発達科学部の実験的な取り組み」（津田ほか, 2015）
- ・「国際協力サービスラーニングによるグローカル人材の育成と多文化共生社会づくり」（澤山, 2016）
- ・「高等教育におけるサービスラーニングとリフレクション——宗教行事を授業で運営する意義」（齋藤, 2020b）

（３）サービス・ラーニングの学習の質を高める方法に関する研究

- ・「サービス・ラーニングのフォロー・アップとしての異文化間リーダーシップ・プログラム——プール学院大学の実践を事例として」（Musselwhite・関・森定, 2008）
- ・「サービス・ラーニングにおける『ふり返り』の視点と方法に関する一考察——プール学院大学の実践を事例として」（森定, 2010）
- ・「大学のサービス・ラーニングにおける発達障害学生への支援——筑波学院大学オフ・キャンパス・プログラムでの取り組みから」（佐野, 2015）
- ・「サービスラーニングの高等教育における位置づけとその教育効果を促進する条件について」（中里・吉村・津曲, 2015）
- ・「大学生のリフレクション・プロセスの探究——サービス・ラーニング科目を事例に」（秋吉・河井, 2016）
- ・「長野大学教職課程におけるサービス・ラーニングの実際と成果・課題——地域活動の振り返りの形態に着目して」（山浦・早坂・丹野, 2020）

第Ⅰ部　文献研究

（4）サービス・ラーニングの教育効果に関する研究
- 「日本の高等教育機関における『サービスラーニング』が学生に与える教育効果について」（橋本, 2010）
- 「学生のボランティア意識とサービス・ラーニングの効果──桐蔭横浜大学スポーツ健康政策学部の取り組みから」（松谷・青山・田村, 2010）
- 「サービス・ラーニングが学習成果に及ぼす効果に関する実証的研究──広島経済大学・興動館プロジェクトを事例として」（木村・中原, 2012）
- 「サービス・ラーニングにおける学生の経験と学習成果に関する研究──立命館大学『地域活性化ボランティア』を事例として」（木村・河井, 2012）
- 「サービスラーニング受講を契機とした大学生の態度特性変化──活動の随意性に注目して」（山田・尾崎, 2013）
- 「サービス・ラーニングにおけるリフレクションとラーニング・ブリッジングの役割──立命館大学『地域活性化ボランティア』調査を通じて」（河井・木村, 2013）
- 「サービスラーニングの手法を取り入れた大学での情報教育──『情報ボランティア』の質的分析」（大橋・山地, 2016）
- 「大学1年次におけるサービスラーニングとその効果に関する研究」（渡邊・佐藤, 2017）
- 「宇都宮大学『地域プロジェクト演習』を事例としたサービス・ラーニングの効果──2019年度効果測定結果報告」（坂本, 2020b）

（5）サービス・ラーニングのサービスの質を高める方法に関する研究
- 「大学生のサービスラーニングにおける運動指導が小学校の体育的活動に及ぼす影響の検討──草津市における長縄オリエンテーションを対象として」（赤沢ほか, 2013）
- 「サービス・ラーニングにおける現地活動の質の向上──地域住民と大学教員による評価基準の協働的開発」（杉原ほか, 2015）
- 「サービスラーニングに基づく大学プログラム開発と地域連携への一考察──宇都宮大学地域デザイン科学部『地域プロジェクト演習』実施準備過程を事例に」（坂本, 2018）
- 「日本の大学教育におけるサービス・ラーニングの効果と課題──宇都宮大学『地域プロジェクト演習』における学生，教員，地域パートナーに着目して」（坂本, 2020a）
- 「中山間地域におけるまちおこしの課題──大学と農村の共創を目指すサービスラーニングの事例より」（中野, 2020）

（6）サービス・ラーニングの受け入れ側への効果に関する研究
- 「『サービスラーニング』の理論と実践──NPOと大学における人的資源の協働事例」（松本, 2002）
- 「受入機関におけるサービス・ラーニングの意義と課題──プール学院大学の実践を事例として」（森定・中島・Musselwhite, 2007）
- 「大学と地域の連携によるサービス・ラーニングの開発と実践──都市と地方が抱える二つの過疎問題へのアプローチ」（堀出, 2017）

3　その他（国内の大学におけるサービス・ラーニングの事例を扱っていない研究）
（1）文献研究を通してサービス・ラーニングについて論じた研究
- 「大学教育におけるサービス・ラーニングの位置づけ──キリスト教精神の活性化・具体化をめぐって」（田島, 2002）
- 「大学におけるサービスラーニングへのアプローチ」（村上, 2007）
- 「大学と地域社会をつなぐサービス・ラーニング」（若槻, 2008）

第**2**章　国内の大学におけるサービス・ラーニングの現状と課題

・「大学におけるサービスラーニング（ボランティア学習）」（栗田, 2011）
・「海外体験学習による社会的インパクト——大学教育におけるサービスラーニングと国際協力活動」（藤山, 2011）
・「教員養成における『大学中心』と『学校現場中心』——『サービス・ラーニング』と『学校インターンシップ』」（今津, 2016）
・「ケア社会におけるサービスラーニングのマクロ文化環境——大学教育におけるパラダイムの転換との関連で」（寺本, 2020）

（2）大学へのサービス・ラーニング導入のためにボランティア活動などを検討した研究
・「蕨はつらつスクール事業の成果についての考察(1)——大学におけるサービス・ラーニング導入の可能性と課題」（保正, 2003）
・「教員養成系大学の学校支援活動とサービスラーニングに関する考察」（宗澤, 2003）
・「サービスラーニングの視点からみた愛媛大学スチューデント・キャンパス・ボランティア——愛媛大学スチューデント・キャンパス・ボランティアの現状と課題」（上田, 2011）
・「関東圏のキリスト教系私立大学における震災ボランティア活動とサービスラーニングの導入」（岡村・徐, 2018）
・「高等教育における社会貢献カリキュラムの構築——課題によるサービス・ラーニング導入の試み」（増田・田﨑, 2019）

（3）サービス・ラーニングのサービスの学習効果に関する研究
・「キリスト教大学における震災ボランティア活動と宗教心の発達——mission 系学校におけるサービスラーニングの観点から」（岡村, 2013）
・「小学校の特別活動と大学生の子どもの遊び支援活動における互恵性に関する研究——学生プレーワーカーのサービスラーニングに着目して」（白坂・白石, 2015）
・「大学生のボランティア活動を契機としたサービス・ラーニングに関する一考察——子どもの遊び支援活動における大学生のキャリア形成に着目して」（白坂・渡邊, 2016）
・「日本におけるサービス・ラーニングの展開（10）——高校時代のボランティア活動経験類型からみた大学生の態度や行動」（山田・富川・大束, 2017）
・「日本におけるサービス・ラーニングの展開（11）——東日本大震災におけるボランティア活動経験者の意識や態度『大学生のボランティア活動に関する調査』より」（柴田ほか, 2017）

（4）サービス・ラーニングを支える大学や地域連携に関する研究
・「関西を中心とした大学ボランティアセンターの現状・課題，展望——サービス・ラーニングという新潮流を踏まえて」（杉岡・久保, 2007）
・「日本の大学教育におけるサービスラーニングコーディネーターの現状と課題」（武田, 2011）
・「サービス・ラーニングにおけるコミュニティ・インパクト（貢献活動の影響）の捉え——日米の高等教育機関への調査から」（宮崎, 2013）
・「サービスラーニングにおける大学と地域連携の在り方——被災地支援活動に対する地域コミュニティの視点を通じて」（野坂, 2014）

第Ⅰ部　文献研究

向と課題を総論的に論じた研究であり，残りの3件は大学にサービス・ラーニングを導入するための事例収集を主な目的とした研究であった。次に，国内の大学におけるサービス・ラーニングを分析した事例研究は52件であった。その内訳は，実践報告の形式でサービス・ラーニングの概要およびその意義と課題を示した研究が18件，特定のスキルの習熟や専門教育におけるサービス・ラーニングの意義に関する研究が11件，サービス・ラーニングの学習の質を高める方法に関する研究が6件，教育効果に関する研究が9件，サービスの質を高める方法に関する研究が5件，受け入れ側への効果に関する研究が3件であった。また，その他の研究は21件あり，その内訳としては，文献研究を通してサービス・ラーニングについて論じた研究が7件，当該大学へサービス・ラーニングを導入するための予備調査的な観点から当該大学で実施されているボランティア活動や授業方法について検討した研究が5件，サービス・ラーニングにおけるサービスの学習効果に関する研究が5件，サービス・ラーニングを支える大学（コーディネートセンター，コーディネーター）や地域連携に関する研究が4件であった。

　国内の大学におけるサービス・ラーニングの事例分析として取り上げた52件の論文のうち，サービスの質を高める方法に関する研究は5件，受け入れ側への効果に関する研究は3件であり，サービス・ラーニングの学習面に注目した研究と比べると少ない傾向にあった。こうした傾向はアメリカの先行研究においても指摘されている（Ward & Wolf-Wendel, 2000, p.771）。村上徹也は，サービス・ラーニングのリフレクション研究において，サービス・ラーニングが地域に与える効果を振り返るような研究が存在しないことを課題として述べており，その理由として，サービス・ラーニングが地域に与える効果を測定すること自体が困難であるという点をあげている（村上, 2012, p.16）。

　第1章で述べたように，サービス・ラーニングにおいてサービスと学習は不可分な存在であり，質の高いサービスが質の高い学習を生み出すとされてきた。また，サービス・ラーニングのキー概念である互恵概念についても，単に，サー

34

ビス・ラーニングの受け入れ側にもメリットがあるというだけでなく，そこに関わるあらゆる人々がエンパワメントされるような関係の構築が目指されていた。「サービス・ラーニングにおける現地活動の質の向上——地域住民と大学教員による評価基準の協働的開発」（杉原ほか, 2015）や「中山間地域におけるまちおこしの課題——大学と農村の共創を目指すサービスラーニングの事例より」（中野, 2020）では，大学，学生，地域住民が，ともに地域・社会課題の解決に向けて実践に取り組むための方法が模索されているが，先行研究におけるこうした研究の割合は少ない。中野謙の論文では，「お手伝い型」と「サービス・ラーニング型」のボランティア活動が比較され，「お手伝い型」のボランティア活動を行った結果，受け入れ先の地域に負担をかけてしまったという反省が述べられているが（中野, 2020, pp.11-12），互恵的な関係を構築していくためのサービス・ラーニングの構造を明らかにしていく上では，サービス・ラーニングの学習面だけでなく，このようにサービスの形態（期間・人数・運営方法など）にも注目した研究が求められよう。そして，そうしたサービスの形態を丁寧に踏まえた上で，そこでの学びのプロセスを明らかにしていく必要があるのではないだろうか。[1]

２．大学におけるサービス・ラーニングの課題としての時間的制約

　次に，国内の大学で実施されている複数のサービス・ラーニング事例を分析した先行研究を取り上げ，そこではどのような点が課題とされてきたのか，整理を試みる。眞所佳代は，図２-１に示す「サービスに関わるプログラムの区別」（Furco, 1996, p.3）と「サービス・ラーニングの２類型」（Kahne & Westheimer, 1996）を組み合わせ，図２-２に示す「焦点と志向の組み合わせによるサービス・ラーニングの類型」（眞所, 2013, p.115）を作成している。

　眞所の類型によると，サービス・ラーニングは，慈善志向でサービスを重視する〈ボランティア型〉，慈善志向でラーニングを重視する〈社会適応型〉，変革志向でサービスを重視する〈課題解決型〉，変革志向でラーニングを重視す

第Ⅰ部　文献研究

図2-1　サービスに関わるプログラムの区別

出所：Furco, 1996, p.3

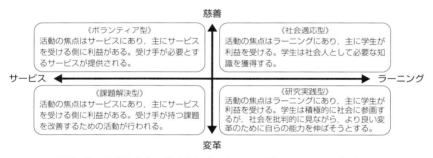

図2-2　焦点と志向の組み合わせによるサービス・ラーニングの類型

出所：眞所, 2013, p.115

る〈研究実践型〉に分類される。さらに，眞所は，関西国際大学，筑波学院大学，桐蔭横浜大学，愛知淑徳大学，同志社大学，千葉商科大学で実施されているサービス・ラーニングの分析を通して，国内のサービス・ラーニングは，ラーニングを重視した〈社会適応型〉と〈研究実践型〉が多い傾向にあるのではないかと分析した（同上, p.118）。さらに，眞所は，桐蔭横浜大学と千葉商科大学のサービス・ラーニング担当者へのインタビューを行い，サービス・ラーニングにおける学びの実態として，「当初目指した問題（課題）発見・解決能力や実践力・行動力の向上ではなく，実際には自分自身への理解を深めるというものにとどまっている様子がうかがえる」（同上, p.121）と述べ，サービス・ラー

第**2**章　国内の大学におけるサービス・ラーニングの現状と課題

ニングを通して様々なスキルを身に付けていくには，ある程度長期的な期間が
必要なのではないかと考察している。

　また，サービス・ラーニング研究に取り組む唐木清志は，アメリカで高く評
価されているポートランド州立大学のサービス・ラーニングを分析し，サービ
ス・ラーニングを評価するための3つの視点を抽出した。その視点とは，「既
得知識と技術の活用」「リフレクションの重視」「地域コミュニティとのパート
ナーシップ」（唐木, 2016, pp.19–21）である。そして，唐木は，日本福祉大学，
国際基督教大学，桜美林大学で行われているサービス・ラーニングの分析を通
して，国内の大学でも3つの視点が重視されていると結論づけている。さらに，
唐木は，国内のサービス・ラーニングの課題として，その多くが大学1，2年
生を対象に実施されていることを踏まえ，ポートランド州立大学のようにサー
ビス・ラーニングを4年次に行うことで，一般教養や専門教育で身に付けた知
識や技術を活かし，大学教育の集大成として地域活動に活かすことができるの
ではないかと提言している（唐木, 2016, p.25）。

　さらに，アメリカの高等教育論を専門とする福留東土は，文献研究を通して
国内の大学におけるサービス・ラーニングの動向と課題について論じている。
福留は，国際基督教大学，立命館大学，東海大学，立教大学で行われているサー
ビス・ラーニングの分析を行い，国内の大学におけるサービス・ラーニングの
今後の課題として，サービス・ラーニングを定着させていくための資金的・人
員的条件を整えていくこと，サービス・ラーニングに関心をもち協働しうる教
職員との連携・協働関係を広げていくこと，大学と地域との連携関係に関する
ビジョンを形作っていくことが重要だと述べている（福留, 2019, p.136）。

　眞所，唐木，福留の論文で言及されていた国内のサービス・ラーニングにお
ける課題を整理すると，（1）サービス・ラーニングを通して地域社会におけ
る課題解決能力を高めていくには学期単位の期間では十分ではない，（2）サー
ビス・ラーニングが大学で得た学びの総体を活かし発展させていくような機会
となっていない，（3）大学側としてサービス・ラーニングを実施する体制や

第Ⅰ部　文献研究

ビジョンが十分に整備されていない，ということになろう。これらの課題のうち，（1）と（2）は大学における教育プログラムとしてのサービス・ラーニングの構造に内在する課題，（3）はカリキュラム・マネジメントに関わる課題といえる。

　本章の目的は，国内の大学におけるサービス・ラーニングのプログラムに求められる構造を考究していくことにある。以下節を改め，とりわけ，上記の（1）（2）といった大学のカリキュラムの中で，サービス・ラーニングを実施する上での時間的制約に問題の焦点を絞り，検討を進めていく。

第2節　国内の大学におけるサービス・ラーニング事例の傾向と課題

1．サービス・ラーニングにおける学習と体験の組み合わせの多様性

　本項では，大学のサービス・ラーニングにおける時間的制約を解決するためのサービス・ラーニングの構造について検討を進めるために，実際に，国内の大学でどのようなサービス・ラーニングが取り組まれてきたのか，事例の分析を試みる。前節でレビューの対象とした79件の論文のうち，国内の事例研究は52件あった。これらの論文の中で取り上げられていたサービス・ラーニングの事例を整理したものを表2-2に示す。複数の論文において同一の事例が取り上げられている場合や，一つの論文中に複数の事例が取り上げられている場合があるため，52件の論文の中で取り上げられていた事例の総数は48件となっている。なお，サービス・ラーニングの実施期間や配当年次について，論文中で明確に言及されていない場合には空欄としている。

　福留は，国内の大学で行われているサービス・ラーニングに関する調査として，河合塾と朝日新聞による調査の「ひらく日本の大学」の2014年度のデータ（回答大学数607）を取り上げている（福留, 2019, p.127）。この調査によれば，サービス・ラーニングを全学レベルで実施している大学は24％，一部の学部で実施している大学は17％，一部の学科で実施している大学は12％であり，合計で53％

38

第**2**章　国内の大学におけるサービス・ラーニングの現状と課題

表2-2　先行研究で取り上げられていた国内の大学におけるサービス・ラーニング

大学・学部	科目名（名称）	目　的	期　間	配　当	引　用
愛知淑徳大学	コミュニティ・サービスラーニング	自主的に考え行動する力を身に付け，責任感，判断力，社会への参加意欲の育成の場とすること	通年	—	小島・小林・ブイ（2007）
青山学院大学	サービス・ラーニングとしてのボランティア活動	専門的知識・技能の現実社会での活用，将来のキャリアを考える機会，市民として必要な資質・能力向上	半期	全学	高橋・三神（2020）
宇都宮大学地域デザイン科学部	地域プロジェクト演習	コミュニケーション力，調査・分析力，プレゼンテーション力，チームの一員として動く力（協働力）を養成すること	通年	大学3年次	坂本（2018, 2020a, 2020b）
大分県立芸術文化短期大学	サービス・ラーニング	大学で学んだ学問的な知識・技能，特技を活かし，地域社会の諸課題を解決するために組織された社会的活動を行い，活動体験を通して学びを獲得すること（安倍・成田, 2015）	内容による	—	安倍・成田（2015）安倍（2017）
大分大学教育学部	教育支援実践研究Ⅰ	教職，服務，児童生徒等について理解し，自ら実施可能な教育支援を構想する。昼休みの20分間を使って，小学生の子どもたちに学びの魅力や素晴らしさを伝えること	集中講義（準備含め約3ヶ月）	大学1年次	渡邊・佐藤（2017）
大阪国際大学	ゼミ	地域貢献ビジネスの企画と運営の実践を通じて経営を学ぶこと，地域と大学（学生）の共創と地域貢献につながること	通年	—	中野（2020）
大手前大学	Philippine Service-Learning Project	社会と関わり，他者と協力して世界を変えていくために必要なスキルを身に付けた学生を生み出していくこと（Ando et al., 2016a）	2週間	—	Ando et al.（2016a, 2016b）
大手前大学	the Nagashima UNESCO Translation Project	社会と関わり，他者と協力して世界を変えていくために必要なスキルを身に付けた学生を生み出していくこと	1週間[1]	—	Ando et al.（2016a）

第Ⅰ部　文献研究

大学・学部	科目名（名称）	目　的	期　間	配　当	引　用
関西国際大学	介護概論，老人福祉論，地域福祉論，障害者福祉論，社会福祉援助技術論Ⅰ，Ⅱ	社会福祉士の養成（科目による）	半期（複数科目）	大学1年次2年次	山田・尾崎（2013）
関西国際大学	特別研究Ⅱ（海外サービスラーニング・カンボジア）	カンボジアの社会課題やその背景，日本や自身の役割について学ぶとともに，情報収集・発見力，思考・判断力，知的好奇心などのジェネリックスキルを育成すること	夏学期（5～8月）	大学2年次以上	山本（2010）
関西大学	国際協力サービス・ラーニングプログラム	フィリピンの初等教育レベルの情操教育分野への寄与を通して，日本からの参加者のコンピテンシー向上や日本の内なる国際化への関心を喚起すること	通年	―	澤山（2016）
吉備国際大学社会福祉学部	International Cooperation Field study	実践力の育成と学生の自己啓発およびエンパワメントを促進すること	―	―	橋本（2010）
熊本県立大学	新熊本学：熊本の文化と自然と社会	熊本の自然や文化，社会に対する理解に立ち，専門の枠を超えて，自ら課題を認識・発見し，地域の人々と協働して課題の解決に取り組む人材を育てること	集中講義（ガイダンス含め7日間）	大学1年次	中里・吉村・津曲（2015）
熊本県立大学	たまランナーズ（ゼミ内グループ）	まちづくりのあり方や映像制作について学習すること	半期	大学3年次	中里・吉村・津曲（2015）
神戸大学発達科学部	博物館実習	資料の収集や保管，展示を実践的に学ぶだけでなく，地域住民や専門家とのコミュニケーションを通して，展示と社会の関わりを体感しながら博物館の企画・運営を学ぶこと	―	―	津田ほか（2015）
産能短期大学	総合演習科目Ⅱ，Ⅲ	1年次において学習してきた様々なビジネス実務の成果を体験学習によって応用し，それを実践的に活用しながら地域のコミュニティに応えること	通年	短期大学2年次	松本（2002）

第**2**章　国内の大学におけるサービス・ラーニングの現状と課題

大学・学部	科目名（名称）	目　的	期　間	配　当	引　用
静岡大学 教育学部	教育心理学実践研究Ⅰ，Ⅱ	心理学について教室内だけではなく真正の場における体験から学ぶこと，教育実習での気づきを心理学と結びつけながら発展させていくこと	6〜7ヶ月	大学 3年次	小林（2007）
湘南工科大学	社会貢献活動	工学技術を市民一人一人のために善用する方法について考えること，自ら社会的な問題点を分析し，ニーズを発見し，解決法を考察すること	実習60時間 （半期）(2)	大学 2年次 以上(3)	田坂ほか（2007）， 市山ほか（2009）
聖徳大学 生涯教育文化学科	生涯学習まちづくり演習，レクリエーション概論，ボランティア活動論他	体験的・実践的活動を重視（科目による）	半期 （複数科目）	大学 1年次 〜 4年次	齊藤（2007）
聖徳大学	ボランティアをキャリアに生かそう	ボランティア体験をキャリアに生かす方法として自己と向き合い，他者との関係性を構築する。自己発見の機会を増やす，地域の問題を直視し，課題解決型学習法を学ぶこと	半期	全学	齊藤（2007）
西南学院大学 人間科学部	コミュニティ・サービスラーニング	①社会参加意識の高い学生の育成，②学習・研究内容の質的変容，③有意義なプロジェクトの安定的な供給	科目による	科目による	渡邊（2008）
聖路加国際大学 看護学部	サービスラーニング	e-learningを含む自己学習・座学・ボランティア実習・仲間との共有など，様々な方法での学習により社会人としての素養を養う。看護専門職に就く前の準備学習の位置づけ	半期	大学 1，2 年次	髙橋ほか（2018）
千里金蘭大学	社会福祉援助技術論Ⅰ	社会福祉援助技術論におけるグループワークの理論と実際を理解すること	通年	大学 2年次	鳥海（2008）
大正大学	サービスラーニング	自身がこれまで培ってきた専門知識を社会でどのように応用できるのかを思考・実践すること	半期	全学	齋藤（2020a, 2020b）

第Ⅰ部　文献研究

大学・学部	科目名（名称）	目　　的	期　　間	配　当	引　　用
筑波学院大学	実践科目 A，B，C	社会参加活動の中で，さまざまな課題の発見・分析や解決の方略などを主体的に学ぶこと，活動で得た自己の内省を理解すること	Ａ： Ⅰ回参加型 Ｂ： 実習30時間 Ｃ： 実習60時間	大学 1年次 〜 3年次	佐野（2015）
桐蔭横浜大学 スポーツ健康 政策学部	サービス・ ラーニング実習	授業における「からだ」の学びを実践的な社会貢献活動に活かし，さらにその体から得られたものを学習に活かすこと	実習30〜 60時間 （4ヶ月）	大学 2年次	松谷・青山・田村 （2010）
長崎県立大学 佐世保校	国際サービス・ ラーニング	実践型かつ地域の特性を活かした英語教育・異文化理解教育を行うことで，国際的な視野を持ち地域に貢献できる人材を育成すること	―		山崎（2013）
長野大学 教職課程推進室	サービス・ ラーニング	自ら進んで現場で体験的な活動を積み重ねようとする主体性を育むこと	通年	―	山浦・丹野（2019） 山浦・早坂・丹野 （2020）
奈良教育大学	ボランティアを 問いなおす	「自己と社会」「自己と社会の関係」「地域社会の現状」について考察し，教育現場にボランティア活動を取り入れることについて各自の見解を確立すること	半期	―	川上（2005）
日本工業大学 工学部 情報工学科	情報 ボランティア	ボランティア精神の涵養，「個」の確立，コミュニケーション能力の育成，これまで学んだ情報技術の実践と再チャレンジ	―	―	大橋・山地（2016）
日本福祉大学	ふくしコミュニ ティプログラム	地域への関心を高めるとともに，地域住民としての役割と関わり方を学生が自覚的に学び，体験を通して地域課題への認識を深め，市民性を身につけていくこと	通年	大学 1年次	原田（2020）
日本福祉大学	社会福祉基礎演 習・フィールド 実践演習	幅広く物事を捉え，読み，書き，表現する力（「自己形成力」）を深めること，市民として地域の問題解決に連帯して取り組んでいく力（「市民性」）を身につけること	通年	大学 2年次	原田（2020）

第**2**章　国内の大学におけるサービス・ラーニングの現状と課題

大学・学部	科目名（名称）	目　的	期　間	配　当	引　用
広島経済大学	興動館 プロジェクト[4] （興動館科目）	既成概念にとらわれることなく，ゼロから物事を考え，失敗を恐れず，他者と協働して「何か」を成し遂げること	通年	全学	木村・中原（2012）
プール学院大学 国際文化学部	サービス・ ラーニング	「異文化間協働」を理念に掲げ，国内外でのフィールドワークやボランティア活動に取り組んできた延長線上にサービス・ラーニングの科目化が図られた（中島, 2006）	実習40時間 学習50時間 （半期）	―	中島（2006），森定・中島・Musselwhite（2007） Musselwhite・関・森定（2008），森定（2010）
プール学院大学 国際文化学部	異文化間協働基礎演習・応用演習	異文化間リーダーシップを協働的に学ぶこと	半期	大学 1, 2 年次	森定・関（2009）
プール学院大学 国際文化学部	専門演習Ⅰ （ゼミ）	社会調査の技法を習得することに加えて，地域の課題解決に社会調査を役立てるセンスを習得すること，地域の課題解決にむけた具体的アクションへの手がかりを得ること	通年	大学 3年次	森定・蔡（2013）
立教女学院短期大学 現代コミュニケーション学科	サービス・ ラーニング入門	1．現代社会の様々な課題や問題を知り理解を深める，2．課題や問題解決のために活動している機関や取り組みについて知る，3．活動に参加するための基礎的知識を習得する	半期	短期 大学 1年次	有満・高見・中村（2014）
立教女学院短期大学 現代コミュニケーション学科	サービス・ ラーニング	様々な市民活動への参加を通じて，地域における市民活動の活発化の理由について考察する	半期	短期 大学 2年次	有満・高見・中村（2014）
立教大学	立教サービスラーニング	「実社会のフィールドでの学びを通じて真理を追求し，社会に貢献できる人材を育てる」であり，「立教大学の社会連携教育」を展開する科目※引用元（原田, 2016, p.17)	半期	全学	福原（2018）
立命館大学	地域活性化ボランティア	受講生がボランティア活動を通じて地域に貢献しつつ，地域社会の一員としての自覚と能力を育み，専門知識の応用的な理解を深めること	通年	ほぼすべての学部[5]	木村・河井（2012） 河井・木村（2013）

43

第Ⅰ部　文献研究

大学・学部	科目名（名称）	目　的	期　間	配　当	引　用
立命館大学スポーツ健康科学部	サービス・ラーニング	小学生の学習促進活動に積極的に関わっていくことで，自らの現状を振り返ること，教育現場に関わることで，特に教員を目指す学生の教える力を高めていく素地を作ること	―	―	赤沢ほか（2013）
龍谷大学経済学部	伏見区役所インターンシップ	各事業を主体的に企画・運営することで，大学において学んだ経済学の理論，現実経済の知見を総合化し，現実問題の分析力，問題解決，政策提言能力を身につけること	通年	大学1年次	山田（2009）
龍谷大学経済学部	演習Ⅰ，Ⅱ（ゼミ）	1．地域社会の現場から実体経済を理解する。2．問題発見能力，分析力，提案力を身につける，3．グループ活動を通じて，協調性や責任感などを体得すること	通年	大学3年次	山田（2009）
早稲田大学	インド白い革命から学ぶ途上国の農村開発	途上国開発の実態を学び，先進国である日本の価値観を問い直すことで，足元から世界の課題に取り組む人材を育てること	事前・事後学習含め約2.5ヶ月	―	秋吉・河井（2016）
山形県に立地するA大学	フィールドワーク――共生の森もがみ	自然豊かな「エリアキャンパスもがみ」でのフィールドワークを通して，地域，文化，歴史，過疎化，少子高齢化等の現代日本が直面する諸問題を地域の人々と考えること	半期	大学1年次	杉原ほか（2015）
K短期大学幼児教育学科	ゼミ	夏休みと冬休みに「養老わいわいクラブ」（地域の子育て事業）を訪問し，大学生が考えた学習プログラムを実施し，子どもたちに学校以外の学びの楽しみを喚起すること	通年	短期大学1年次	堀出（2017）
R大学文学部	社会教育演習	「岩戸山ソーシャル寄町」（祇園祭運営ボランティア）の新規登録者に岩戸山鉾の特徴と祭当日のスタッフの仕事内容を理解するためのワークショップを企画運営すること	通年	―	堀出（2017）

第2章　国内の大学におけるサービス・ラーニングの現状と課題

大学・学部	科目名（名称）	目　　的	期　　間	配　当	引　用
関西にある小規模の私立大学	サービス・ラーニング	日本語読本の制作を通して，在留外国人の言語・生活環境を知り，日本社会の多様性を考える一端とするとともに，日本語をコミュニケーションの道具として見つめ直すこと	半期	—	飯島（2014）

注：(1)　Tanaka et al.（2016）より補足情報を得た。
　　(2)(3)　湘南工科大学では2006年度のカリキュラム改革を得て，実習時間が50時間に，配当年次が1年次以降となっている（田坂ほか，2008）。
　　(4)　興動館プロジェクトだけでは単位認定されないが，興動館科目として合わせて履修することで単位が認定される。
　　(5)　西田（2009）より補足情報を得た。

の大学がサービス・ラーニングを実施しているとされる。本節で取り上げた先行研究においても，全学レベル，学部レベル，学科レベルで実施されているサービス・ラーニングの事例があった。さらに，授業あるいはゼミ単位でサービス・ラーニングを実施している事例も見受けられた。こうした実施枠組みの観点から，国内の大学において実施されているサービス・ラーニングを分類すると，（1）全学レベルでカリキュラム化されたサービス・ラーニング，（2）学部レベルでカリキュラム化されたサービス・ラーニング，（3）学科レベルでカリキュラム化されたサービス・ラーニング，（4）授業あるいはゼミレベルでカリキュラム化されたサービス・ラーニング，と分類できよう。授業あるいはゼミの枠組みで実施されているサービス・ラーニングも含めれば，国内のほとんどの大学でサービス・ラーニングは実施されていると考えられる。

　次に，サービス・ラーニングのプログラムの構造についてもその形態は様々であった。例えば，最も短いプログラムでは，熊本県立大学の初年次教育において，1週間の集中講義の中に事前学習，体験，事後学習が組み込まれていた（中里・吉村・津曲，2015）。また，半期で行われる講義であっても，例えば，青山学院大学のように15回の授業の中に事前学習，体験，事後学習という流れを組み込んだ授業構成もあれば（高橋・三神，2020），プール学院大学のように，実習に取り組む総時間数が設定されており，毎週，地域で数時間の活動を行い

45

第Ⅰ部　文献研究

ながら，振り返りの授業に出席するという形式もある（森定, 2010）。また，関西国際大学における「海外サービス・ラーニング」の事例では，夏学期（5～8月）に「事前活動・学習」「期中活動」「事後活動」を行い，事前学習と事後学習のみならず，現地で実施される「期中活動」における振り返りも，授業の一環として取り組まれていた（山本, 2010）。

　通年の取り組みでは，宇都宮大学地域デザイン科学部の事例として，「3学科混成で5～6人から成るグループで，最大30のテーマに分かれ，約1年間，地域パートナーと共に地域の課題に対する解決策の提案を目指す」「授業は，『事前学習→実習→事後学習→発表・振り返り』を1つのサイクルとし，第1サイクルは調査設計の段階，第2サイクルは課題発見の段階，第3サイクルは解決策提案に位置づけられている」（坂本, 2020b, p.168）と述べられるように，長期であることを活かして課題解決型の授業が行われている事例もある。また，広島経済大学で行われている「興動館プロジェクト」のように，授業とは独立したプロジェクトが存在しており，そうしたプロジェクトへの参加と併せて「興動館科目」と呼ばれる科目を受講することで単位が認定されるといった仕組みもあった（木村・中原, 2012）。

　サービス・ラーニングの基本的な定義である，構造化された学習活動とボランティア活動の組み合わせという原理に立ち返れば，これらの授業構造の多様性は，学習活動と体験活動の組み合わせの多様性に起因するものといえよう。すなわち，学習活動と体験活動は必ずしも「事前学習→体験→事後学習」といった体験学習の型にあてはまらないということである。広島経済大学の「興動館プロジェクト」のように体験から始まる学習もあれば，関西国際大学における「海外サービス・ラーニング」のように現地における活動中の振り返りも重要な学びの機会となる。サービス・ラーニングを通して地域社会における課題解決能力を高めていくためには，学習活動と体験活動の組み合わせの多様性を踏まえ，「事前学習→体験→事後学習」といった体験学習の型に捉われず，より広い枠組みの中でサービス・ラーニングのプログラムを構造化していく必要が

あるのではないだろうか。

　また，唐木が述べていた，サービス・ラーニングが大学で得た学びの総体を活かし発展させていくような機会となっていないという課題については，確かに，本項で整理した事例においても，大学4年次を対象とするサービス・ラーニングはほぼ存在しなかった。この理由として，大学4年次には，一般的に，就職活動や卒業論文といった行事が立て込み，十分に学習時間が確保できないといった点が考えられる。就職活動を含めた社会全体のシステムを見直していく必要もあろう。しかし，大学で得た経験が，その時点では学習者にとって学びと認識されていなくとも，大学を卒業した後に意識化される場合もある。こうした点を踏まえると，サービス・ラーニングの学びを必ずしも大学4年間の総体として完結させる必要はないようにも考えられる。

　大分県立芸術文化短期大学でサービス・ラーニングに取り組む安倍尚紀は，自身が共同代表を務めるNPO法人「自分戦略デザイン大学」という市民大学型の起業塾をサービス・ラーニングの実践現場として活用している。そこで，安倍は，「芸文短大でのサービスラーニング実施・組織化には学生の在籍機関である2年間という制限があるが，学びのポテンシャルの高いサービスラーニングであれば，四年制大学に編入学したOB・OGの参加なども見込めるのではないだろうか」（安倍・成田, 2015, p.41）と述べ，学生が大学を卒業した後も学びが継続していくことを想定している。「自分戦略デザイン大学」のように，大学とは独立した組織に学びの場を整備し，さらに，そうした学びの場と大学の授業を連携させることでサービス・ラーニングとしての学びを生み出すといった実践は，サービス・ラーニングにおける学びを捉える上で新たな視点をもたらしうるのではないだろうか。

2．求められるサービス・ラーニングの形態の捉え直し

　ここまで，国内の大学で行われるサービス・ラーニングの事例について，プログラムの構造に焦点を当て，分析してきた。国内の大学で実施されてきたサー

第Ⅰ部　文献研究

ビス・ラーニングの事例の中には，そこでの学びのプロセスについて，必ずしも「事前学習→体験→事後学習」といった体験学習の型に捉われないような，あるいは，在学中に学びが完結するものとして考えないような実践も含まれていた。第1章で示したように，サービス・ラーニングは，構造化された学習活動とボランティア活動の組み合わせによって構成される。この原理に照らせば，大学におけるサービス・ラーニングは，必ずしも，半期15回の枠組みの中で完結したプログラムである必要性はなく，ボランティア活動との接合方法によって様々な形態が考えられるのではないだろうか。また，その際，「興動館プロジェクト」や「自分戦略デザイン大学」のように，大学の授業とは独立した空間に学びを生み出すための仕掛けが構造化されているということが，その接合の自由度を高める上で重要な点だと考えられる(2)。

　学校・家庭・地域の連携について論じた松岡広路は，その連携パターンとして，①学校活動補助事業，②地域活動補助事業，③学校企画協力事業，④地域活動協力事業，⑤プログラム連携事業，という5つに整理している (松岡, 2000, p.92)。ここで，「⑤プログラム連携事業」は，「公民館や博物館・美術館・NPOなどと学校が，互いのプログラムに関連性をもたせ，系統的な学習環境を提供するもの。共催のかたちをとり，互いの領域で関連のあるプログラムを企画実施する。水平的な連携を保ちながら，地域全体が一定の学習を進めることができるような事業」(同上, p.92) と概念化されている。大分県立芸術文化短期大学における「自分戦略デザイン大学」と連携したサービス・ラーニングの取り組みは，ここでの「⑤プログラム連携事業」にあてはまると考えられよう。

　また，松岡は，学校と地域の連携について，どちらが主導するのかという点からも整理を行い，「教師主導型」「外部主導型」「両者主導型」というタイプに分類している。さらに，松岡は，「学校教育のスリム化の必要性が叫ばれている今日，『外部主導型』を遂行できるだけの顕在化した教育機能をもつ集団・組織との連携は必要不可欠な課題に違いない。また，『両者協働型』へのステップにもなるはずである」(同上, p.96) として，連携に適した対象や方法を特定

第2章　国内の大学におけるサービス・ラーニングの現状と課題

するにあたっては，当該集団や組織がもつ教育機能に注目することが重要だと述べている。松岡は，こうした考察を，小学校・中学校・高等学校と地域の連携という文脈の中で行っているが，大学におけるサービス・ラーニングにおいても，同様のことがいえるのではないだろうか。すなわち，互恵概念を基軸としたサービス・ラーニングを構築するにあたっては，当該ボランティア活動それ自体に一定の教育機能が求められるのではないか，ということである。

　ボランティア活動と一口にいっても，その形態は様々である。次章では，その教育機能について様々に論じられてきたボランティア活動として，学生セツルメントおよびワークキャンプと呼ばれる活動を取り上げ，これらの活動の学習論を考究していく意義と今後の研究課題について整理を行う。

注

(1)　サービス・ラーニングにおけるサービスの学習効果を明らかにしようとした研究としては，表2-1に「サービス・ラーニングのサービスの学習効果」として分類した5つの論文がある。白坂正太と渡邊和明は，近年のサービス・ラーニング研究について，「学習の観点を強く意識した形のSL（サービス・ラーニング），例えば大学の授業の一環で行われるもの等，が検討事例として挙げられているが，サービスという観点からSLを検討していくためには，ボランティアやコミュニティ・サービスの意味が強い事例も検討していく必要もある（括弧内筆者）」（白坂・渡邊, 2016, p.59）と述べ，ノンフォーマル教育の場におけるサービス・ラーニングの学習効果を分析している。こうした問題意識は，本書と重なるところである。

(2)　「興動館プロジェクト」や「自分戦略デザイン大学」は，学校教育外（正課外）で目的をもって構造化された教育活動という意味でノンフォーマル教育である。すなわち，ここでのサービス・ラーニングは，大学教育というフォーマル教育とノンフォーマル教育の連携実践として捉えることもできよう。

第3章

学生セツルメントおよびワークキャンプにおける学習論研究の意義

　学生セツルメントおよびワークキャンプは，ともにボランティア活動の源流とされる活動である。[1] 特に，戦後日本において，多くの学生がこれらの活動に参加し，ボランティア活動の型を継承してきた。しかし，それらの先行研究は十分に整理されているとはいえず，両者の類似性についても十分に検討されていない。[2] 1960年代の興隆期と比べれば，その総数は減少していると推察されるが，現代においてもいくつかの団体においてワークキャンプは実施されている。[3] また，学生セツルメントについてもその精神を受け継いだ活動が展開されている。[4] ボランティア活動の源流とされるこれらの活動がこれまでどのように論じられてきたのか，とりわけ，そこでの学びについてどのような観点から論じられ，何が課題とされてきたのかを整理することは，これからのサービス・ラーニング研究において重要な意義をもつと考えられる。本章では，学生セツルメントおよびワークキャンプの先行研究をボランティア活動における学びの観点から整理し，両者の学習論の類似性を検討するとともに，今後の展望と課題を明らかにすることを目的とする。

第1節　学生セツルメント研究における学びの視点

　学生セツルメントの先行研究の収集にあたり，CiNii Articles・Dissertationsのデータベースを用いた。検索式は，（学生セツルメント OR 学生セツルメ

第Ⅰ部　文献研究

ント OR 大学セツルメント OR 大学セッツルメント OR 帝大セツルメント
OR 帝大セッツルメント OR 東大セツルメント OR 東大セッツルメント）とし
てタイトル検索を行い，1956年から2020年の論文を収集した。本章では，国内
の学生セツルメントに関する先行研究をレビューの対象としたが，その中でも，
（1）「託児部」や「法律相談部」といった特定のパートに焦点化し，その活動
内容や意義について述べられた論文，（2）特定の人物史について論じられた
論文については，本章の目的から外れるためレビューの対象外としている。な
お，CiNii Articles には『日本福祉大学研究紀要』が Vol. 2 からのみ登録され
ているが，Vol. 1 に掲載されている論文も重要な先行研究と考え，レビューの
対象に加えることとした。

　検索の結果，得られた論文は41件（重複除く）であり，そのうち，国内の学
生セツルメントに関する先行研究は31件であった。そこから，（1）（2）で示
した条件の論文を除く14件の論文に，『日本福祉大学研究紀要』Vol. 1 に掲載
の論文も加えた15件の論文をレビューの対象とした。なお，論文が後に改稿さ
れ，博士論文や学術書となっている場合には，改稿後のものをレビューしてい
る。本章で取り上げた先行研究を表 3 - 1 に示す。

1．大学拡張の理念に基づく学びと自己形成

　学生セツルメントに関する先行研究は，戦後の学生セツルメント興隆期で
あった1950〜60年代に出版されたものと，2010年代以降に出版されたものに大
別される。まずは，当時の学生セツルメントがどのように捉えられていたのか
整理するために，1950〜60年代に出版された先行研究を概観する。戦後活躍し
た社会福祉学者である高島進は，戦前の学生セツルメントである帝大セツルメ
ントを取り上げ，その特徴として，「帝大セツルメントは，一般のセツルメン
トとはことなり，学生運動の中から生れたのであり，社会運動の一環であった」
（高島, 1957, p.17）と述べる。そして，「その底を一貫して流れているものは，い
わゆる無産大衆の『自治的精神』，自主性への深い信頼であり，その育成の努

第**3**章　学生セツルメントおよびワークキャンプにおける学習論研究の意義

表3-1　学生セツルメントに関する先行研究

・「学生セッツルメント運動の理解と課題について」（北川, 1956） ・「戦前における学生セツルメントの性格について——東京帝大セツルメントを中心に」（高島, 1957） ・「日本学生セッツルメント運動の研究」（西内, 1959）（「現代学生セッツルメント運動の特性と傾向」（西内, 1956）） ・「学生セツルメントの動向」（高島, 1968） ・「帝大セツルメントに関する一考察」（山田, 2012a） ・「亀有セツルメントの創生期——帝大セツルメントから東大セツルメントへの歴史において」（山田, 2012b） ・「大学における社会貢献活動支援の意義について——大学セツルメントの歴史から見いだすもの」（中村, 2014） ・「大学セツルメント活動が地域に果たした役割——日本女子大学 O 町セツルメントの事例から」（黒岩, 2015） ・「学生セツルメントに関する資料を読むために」（山田, 2015） ・「関東大震災を契機として始まった東京帝国大学セツルメント——世代間交流の視点からの再検討と現代学生ボランティアとの関連性」（佐々木・草野, 2018） ・「戦後九州大学セツルメントの活動と学生意識——1950年代後半，再建期を中心に」（赤司, 2020） ・「戦後学生セツルメントの展開に関する研究」（岡本, 2020） 　・（「戦後学生セツルメントの展開およびその役割と意義——全国学生セツルメント連合の設立から解散まで」（岡本, 2018）） 　・（「1950年代後半から1960年代半ばにおける学生セツルメントの展開——社会福祉運動の視点から」（岡本, 2018）） 　・（「1960年代後半から1980年代における学生セツルメント運動の展開——人間形成・自己教育の視点から」（岡本, 2019））

力である」（同上, p.29）として，その社会運動的側面を強調した。高島が帝大セツルメントの時勢に立ち向かう事業展開をあとづけたように，当時のセツラーは，戦前のファシズムの中で，労働者のエンパワメントを志向した事業を展開し，その過程で様々な衝突や葛藤を経験していたと考えられる。そして，こうした戦前のセツルメントの精神は戦後にも引き継がれることになる。

　戦後の労働社会学者である北川隆吉は，戦前・戦後の学生セツルメントの共通点として，第一に，「知識によって，（適当な表現ではないが媒介として）市民，農民，労働者との連携をつよめ，科学の私物化，御用化，象牙の塔化を排除すること，その現実への適用と検証を根底にもっている」（北川, 1956, p.13），第二に，「知識という武器によって貧困，社会的教育不平等，戦争及び平和のわが

第Ⅰ部　文献研究

国における基本的問題ととりくみ，しかも消すことのできぬヒューマニズムによって各個のセツラーが支えられている」（同上，p.13），第三に，「各セツラーが民主主義的討議によって，自主的に運営に参加し，国家権力その他の政治力に左右されず少なくとも健康にして文化的な社会を指向し，行動すること（地元の人たちをふくめて）によって結ばれている」（同上，p.13）という点をあげ，戦前・戦後の学生セツルメントに共通する大学の知識を現実社会に活かそうとする大学拡張の理念について言及した。さらに，北川は，戦後の学生セツルメントの特徴として「戦前は所謂『抵抗』としての意味をもったのに対して，戦後では積極的行動，創造的側面をもつという運動の方向に大きな差が生まれたと考える」（同上，p.13）として，戦後の学生セツルメント運動の質的変化について考察している。

　また，高島は，戦後の学生セツルメントの特徴として，学生セツルメントの起源とされるイギリスのトインビー・ホールでの実践に触れ，「トインビー・ホールがブルジョア的立場からの働きかけであり，帝大セツルメントがプロレタリアートの立場に立つ努力をしたとするならば，戦後の社会はセツルメントに国民としての立場，国民運動としての基礎を与えた」（高島, 1968, p.29）として，その運動的側面を分析した。さらに，高島は，「学生セツルメントの活動の特色は，地域住民の立場に立って，『同じ喜びと悲しみの中に』，その悩みを解決しようと努力するとき，『地域でぶつかるどんな小さなことでも，なぜ，どうしてそうなのかを掘り下げる』姿勢である。それはトインビー・ホールがしたように，問題を個人あるいは個々の家庭の偶然の特殊なものとして現象だけを追うのではなく社会の問題として深めるという科学的な観点であり，それを日本全体の社会の動きと結びつけられるセツラーになることが強調される」（同上，p.33）と戦後の学生セツルメントの特徴を整理した。

　社会事業の研究者である西内潔は，専門的な社会福祉事業と学生セツルメントを比較し，「前者は常に顧慮と細心と慎重とのうちに，種々なる社会的関係を考慮して経営されるが，後者は，この点は実に自由で，学生セッツラーは社

第**3**章　学生セツルメントおよびワークキャンプにおける学習論研究の意義

会的思惑や神経質を顧慮せず，行動するに当って，良心と理知との命に従うか否かが，基本点のようである。もちろん，数々の問題が内在しているが，しかし，彼等は，この点において，かなり自由に，自己の思索と実験に向って勇敢に精進し，セッツルメントを社会的実験室としている」（西内, 1959, pp.84-85）と，学生セツルメントの特徴について述べている。さらに，西内は，セツラーが活動の中でしばしば感じる，自分は何のためにこのようなことをしているのかといった懐疑についても取り上げ，「この懐疑は，自己反省の動機であり，ヒューマニズムの基礎を固むるものであり，民主主義的活躍の跳躍台ともなる」（同上，p.104）として，学生セツルメントの活動の中に生起するセツラー自身の迷いや悩みを通した学びのプロセスについても言及している。

　以上，戦前・戦後の学生セツルメントに関する1950～60年代の研究を概観してきた。この時期の研究では，労働者との連携を強め，大学の知識を実践との往還の中で発展させていくといった大学拡張の理念や，そうした理念に基づき形作られた，地域住民とともに科学的な問題解決を志向する姿勢など，戦前から引き継がれた学生セツルメントの原理について言及されていた。そして，戦後の学生セツルメントの新たな特徴として，「積極的行動，創造的側面」や「社会的実験室」という性質が取り上げられていた。ここで特筆すべきは，戦後の学生セツルメントに関する1950～60年代の研究において，既に，こうした学生セツルメントにおける「社会的実験室」的活動を通した学生の学びのプロセスとその意義について言及されていたということである。そこでは，大学拡張の理念に基づく理論と実践の往還を通した学びが言及されるとともに，戦後の移り変わる社会の中で，活動の意味の喪失や困難に直面しながら，自分は何をすべきなのかということについて悩み，葛藤しながら，自己を形成していくセツラーたちの学びのプロセスとその意義が見出されていた。

2．戦後の学生セツルメントにおける学びの多様性

　学生セツルメントに関する研究は，2010年代以降，再び注目されることとな

第Ⅰ部　文献研究

る。それでは，2010年代以降，学生セツルメントは，どのような観点から再評価されたのであろうか。社会教育学者である山田正行は，学生セツルメント研究の現代的意義について，「現代において細分化専門化した各実践を総合的に捉える」（山田, 2015, p.2），「（衰退していった学生セツルメントに）相応しい評価を与える（括弧内筆者）」（同上, p.2），「学生運動の新たな側面を明らかにできる」（同上, p.2），という3点をあげている。また，学生セツルメントの研究者である岡本周佳は，「戦後の社会福祉および社会福祉運動の展開の一面を示すとともに，地域の自治・住民の主体形成の観点からも意義がある」（岡本, 2020, p.1），「ボランティア活動や学生の活動のあり方とともに大学教育のあり方の議論とも関連する」（同上, p.1）と述べている。本章でレビューの対象とした先行研究についても，（1）学生運動としての意義，（2）社会福祉運動としての意義，（3）学生ボランティアおよび大学教育に関する視点，という3つの観点から整理を行う。

　まず，（1）学生セツルメントの学生運動としての意義について，山田は，「帝大セツルメントでは天皇制からマルクス主義，共産主義者まで様々な思想や実践が合流し，混在していた」（山田, 2012a, p.37）と述べ，戦前の学生セツルメントは全体主義や軍国主義の弾圧によって消滅したが，その批判的精神は戦後の学生セツルメントにも受け継がれたと分析している（同上, p.38）。しかし，岡本によれば，戦後の学生セツルメントにおける階級闘争や社会改良的な意味での運動性は，1970年代以降，薄れていったという。岡本は，その理由について，様々な法制度などの整備がなされる中で，学生セツルメントが一定の役割を終えたものだと分析する。また，そうした分析を通して，岡本は，個別の実践を通して社会矛盾に気づくこと，すなわち，様々な社会の困難があらわれてくる現実として地域を捉える視点こそが，学生セツルメントの運動性の特徴だったのではないかと考察している（岡本, 2020, p.228）。

　次に，（2）社会福祉運動に関する考察として，岡本は，戦後の学生セツルメントは，戦後の混乱状況にある社会の中で立ち上げられたことから社会福祉

56

運動としての性格を強くもつようになったと分析する。さらに，戦後の学生セツルメントは，社会福祉運動としての性格を強くもちながらも，戦前の学生セツルメントから続く批判的精神に基づく学生運動の側面を有しており，こうした双方の性質を併せもつことによって，地道な地域実践を通して地域・社会を変えていくというソーシャル・アクションとしての役割を果たしたのではないかと分析している（同上, p.227）。また，大学史研究を専門とする赤司友徳は，戦後の九州大学セツルメントにおける診療部の活動を分析している。赤司は，九州大学セツルメントが学生サークル的活動の行き詰まりから社会法人格を取得した結果，学生たちが求めていた実践活動を通じた成長や，そこで得られる人間関係を構築しづらくなり，卒業生や専従者を主体とする活動へと変化したのではないかと考察している（赤司, 2020, p.96）。

　最後に，（３）学生ボランティアおよび大学教育に関する考察として，岡本は，当時のセツラーが残した文章や聞き取り調査から，多くのセツラーが当時の経験を肯定的に捉えている一方，他方では，当時の経験について多くを語らないセツラーや，長年，葛藤を抱えたセツラーがいることを指摘している（岡本, 2020, p.217）。しかし，岡本は，そうした悩みや葛藤は，活動に真剣に向き合い，自身のあり方を問い直した結果として生まれたものであり，「セツルメントを卒業したとしても，辞めたとしても，通過していった者にとって，それは自己教育の意味を十分にもつもの」（同上, p.218）だったのではないかと考察している。大学における地域貢献という観点から学生セツルメントを考察した中村みどりは，多くのセツラーが当時の経験を肯定的に捉えていた点に注目し，「学生が様々な社会的課題を抱えた人々に触れ，学問研究を通じて問題を科学的に理解する力を養い，社会形成に寄与すべく学びと活動を自立的に形成していくこと」（中村, 2014, p.51）を再び大学教育の中に位置づけるべきだと論じている。また，黒岩亮子は，日本女子大学セツルメントの設立から足立区の委託事業として学童保育を実施するに至るまでの分析を通して，大学セツルメントが地域に果たした役割について考察している。黒岩は，日本女子大学セツルメ

第 I 部 文献研究

ントが「住民の主体性の醸成による地域改良という点において，一定の成果を収めた」（黒岩, 2015, p.66）という。しかし，委託事業としての学童保育を実施するようになった後には，住民の主体性を意識した「地域改良」よりも「地域貢献」という言葉が使われてきたことをあげ，住民や学生の主体性をどのように発揮させるのかという点について，学生セツルメントの活動に学ぶ点が多いのではないかと述べている（同上, pp.66-67）。さらに，世代間交流の研究を進める佐々木剛と草野篤子は，学生セツルメントにおける学生と地域社会の相互互恵性について分析し，近年の災害ボランティア活動においても，学生と地域社会における相互互恵性が見出される可能性があるのではないかと考察している（佐々木・草野, 2018, p.41）。

　以上，学生セツルメントに関する2010年代以降の先行研究を概観したが，1950～60年代の先行研究と比べると，より多様な観点から学生セツルメントの意義や課題が論じられていたという特徴がある。戦後の学生セツルメントは，学生運動，社会福祉運動，学生ボランティア，大学における地域貢献活動といった様々な要素が折り重なった実践であった。先行研究では，多くのセツラーが，当時の経験を肯定的に捉えていたことが示されていたが，このような多様な学びの契機を含む学生セツルメントの教育的意義は大きかったと考えられる。しかし，岡本が，当時の経験について多くを語らないセツラーや，長年，葛藤を抱えるセツラーがいることを指摘したように，記録に残された文献から読み取れる情報は一側面に過ぎず，今後，学生セツルメントにおける学びについて検討を進めていく上では，そこでの学びのプロセスについてより詳細な分析を行っていく必要があろう。

　岡本によれば，2019年の時点でセツルメントという名称を引き継ぎ活動している学生団体は10に満たない（岡本, 2020, p.191）。しかし，セツルメントという名称を使わずとも，学生セツルメントの原理であった地域および社会の課題について頭で考えるだけではなく，実際の地域における活動と交流を通して摑んでいこうとする活動理念，およびセツラー自身が批判的思考をもちながら活動

58

第**3**章　学生セツルメントおよびワークキャンプにおける学習論研究の意義

を行い，学びを深めていくことの重要性，すなわち，学生自身が活動を通して，自身の関心や学び，生き方について，様々な悩みや葛藤を伴いながら問い直していくプロセスを重視するといった活動理念は，現在，実施されているボランティア活動にも通ずる部分があるのではないだろうか。実は，ワークキャンプの先行研究においても，これらの視点は重視されてきた。次に，ワークキャンプに関する研究を概観する。

第2節　ワークキャンプ研究における学びの視点

　ワークキャンプの先行研究の収集についても，CiNii Articles・Dissertationsのデータベースを用いた。検索式を（ワークキャンプ）としてタイトル検索を行い，1951年から2020年に出版された論文を収集した。そこで得られた80件の論文のうち，（1）「報告書」や「活動記録」のように特定の実践報告や感想文を主としたもの，（2）学会・大学等の紀要ではなく一般雑誌に掲載されているもの，を除いた12件の先行研究をレビューの対象とした。また，『承認欲望の社会変革——ワークキャンプにみる若者の連帯技法』（西尾・日下・山口, 2015）および『ボランティア・市民活動実践論』（岡本監修, ボランティアセンター支援機構おおさか編, 2019）という書籍中にも，ワークキャンプに関する重要な論文が収められていたためレビューの対象に加えた。最終的には，表3－2に示す15件の論文をレビューの対象とした。

1．ワークキャンプにおける親密圏と公共圏の生成プロセス

　ワークキャンプに関する初の学術書とされる『承認欲望の社会変革——ワークキャンプにみる若者の連帯技法』（西尾・日下・山口, 2015）では，「ワークキャンプは，どのような条件の下であれば，親密圏としてキャンパーの承認を満たすと同時に，公共圏へと働きかけて社会変革の基盤ともなりうるのだろうか」（日下・西尾・山口, 2015, p.12）という問いが立てられ，考察が進められている。

第Ⅰ部　文献研究

表 3 - 2　ワークキャンプに関する先行研究

- 「青少年の内的欲求に応える福祉教育——ボランティア・ワークキャンプの自己評価に対する影響をめぐって」（高野, 1982）
- 「ボランティア学習プログラムにおける支援者の役割——大阪ボランティア協会『高校生ワークキャンプ』の実践事例をとおして」（名賀, 2004）
- 「スリランカにおけるサルボダヤ運動とその地域開発の手法——ワークキャンプの可能性と意義を求めて」（古橋, 2004）
- 「桃山学院大学における国際ワークキャンプの課題と展望」（林, 2007）
- 「ワークキャンプの評価視点についての基本的枠組みに関する考察——ワークキャンプの歴史的経緯と調査研究に基づく有効性の検証をもとに」（佐藤, 2006）
- 「実践者が自らの実践を問うための研究方法——福祉教育実践としてのワークキャンプから」（佐藤, 2010）
- 「いのちの持続性とワークキャンプ運動——いのちの持続性を観点としたワークキャンプ実践分析」（名賀, 2014）
- 『承認欲望の社会変革——ワークキャンプにみる若者の連帯技法』（西尾・日下・山口, 2015）
- 「ボランティア活動実践にある学びとプログラムの関係——ワークキャンプを事例として考える」（名賀, 2016）
- 「社会理論と事例研究の間で『生の技法を分析する』——『ボランティア』とワークキャンプ」（山口, 2016）
- 「福祉教育実践プログラム『ワークキャンプ』の有用性について」（佐藤, 2018）
- 「ワークキャンプ実践に見る福祉教育そしてボランティア学習」（名賀, 2019）
- 「持続可能な共生社会の創造に資するボランティア実践の意義と課題——〈いのちの持続性〉を問う価値枠に着目して」（松岡, 2019）
- 「短期海外ボランティアによる主観的成長と『社会人基礎力』——ワークキャンプ型とホームステイ型の違いに着目して」（小菅, 2020）
- 「災害ワークキャンプが作ったもの——住民からみた『唐桑キャンプ』」（山口, 2020）

まず，第 1 章において，ワークキャンプの研究を行う西尾雄志は，ワークキャンプのもつ特異性として，ワーク（労働）だけではなく，キャンプ（共同生活）に力点を置き，そこから生み出される親密性にこだわる点をあげ，この行為を「『外部／他人事の社会問題／公的問題』を，『内部／日常的な人間関係／親密圏に取り込む』行為」（西尾, 2015a, p.30）と捉えている。そして，西尾は「公と私の円環」（同上, p.31）を促進することがワークキャンプにおけるコーディネーターの役割だと述べている。

　さらに，西尾は，贈与論の概念からもワークキャンプを分析し，学生ボランティアにおける知識不足や経済力のなさなどの劣位性が，贈与によって生ずる

60

第**3**章　学生セツルメントおよびワークキャンプにおける学習論研究の意義

支配―服従関係をずらし変容させるとして，その特性について考察している（同上，pp.35-38）。また，シンボリック相互行為論の研究者である山口健一も，贈与論の概念を用いてワークキャンプを分析している。山口は，贈与によって生じる非対称的な関係についてキャンパーたちがどのようにして解決を試みたのか，あるいは，そこにはどのような葛藤が生まれていたのか，といった観点からワークキャンプを分析し，その意義（「ボランティア活動」との差異）と課題について考察している（山口，2016, 2020）。

　第2章において，政治学者である日下渉は，1960年代から1970年代初頭におけるFIWC関西委員会の機関紙やインタビュー調査を通して，「『根拠地』からの社会変革」（日下，2015a, p.46）というビジョンのもつ現代的意義について考察している。日下は，「ワークキャンプの思想と実践は，安保闘争を経験した世代が，クェーカーの平和主義の伝統に，谷川雁の『原点』や鶴見俊輔の『根拠地』といった思想を持ち込むことで形成された」（同上，p.57）と分析する。そして，そこでの実践について，「ワークキャンプは，生き苦しさを抱え『現代的不幸』に悩んだ若者と，貧困，障がい，病いといった『近代的不幸』を背負った者たちが邂逅する根拠地を生み出した。そこでキャンパーは，他者との関わりのなかで自己確認を求めながらも，他者と親密な関係を築こうとしては断絶にぶち当たり，衝突し，葛藤と矛盾のなかで得た痛みと傷を現状変革のための力に変えていこうとした」（同上，p.72）と考察している。

　第3章において，西尾は，中国のハンセン病快復村でのワークキャンプの事例分析を通して，ワークキャンプが形成する親密圏の可能性を考察している。西尾は，ワークキャンプに参加した学生が，当初は，〈ハンセン病元患者〉としか見えていなかった人々のことを，徐々に〈村人〉〈じいちゃん〉〈リャンさん〉と変化させていった例や，「教科書はハンセン病の特殊さを教えてくれたが，普通さは教えてくれなかった」（西尾，2015b, p.94）といった学生の発言に注目する。西尾は，こうした事例を分析するにあたり，アルベルト・メルッチの支配的な「文化コード」への抵抗としての「名づけの力」（Melucci, 1996＝新原・

第Ⅰ部　文献研究

長谷川・鈴木訳, 2008；西尾, 2014）の概念を援用し，ワークキャンプを「『病い』
の意味を規定する『文化コード』への抵抗」（西尾, 2015b, p.94）として捉えるこ
とができるのではないかと考察している。

　第4章において，日下は，フィリピンにおけるワークキャンプの分析を通
して，キャンパーと現地の人々の，弱さや不幸を接点とする共同性から生ずる
社会変革のプロセスについて考察している。日下は，ワークキャンプを「秩序
づけられた日常生活から離脱し，再び日常に統合されるまでの移行期に経験さ
れる一種の祝祭」（日下, 2015b, p.118）とたとえる。そして，そこで生じる関係
変容について，「私たちは日常生活では様々に分類され序列的に扱われるが，
キャンプでは掛け替えのない『私』として立ち現れ，他者から扱われる。そこ
では，国籍，性別，病い，階層，学歴，職業，地位など，日常生活を秩序づけ
ていた様々な分類と序列が曖昧化し，キャンパーも現地の人びとも解放されて
いく」（同上, p.118）と述べ，ワークキャンプを触媒としてそこに関わる人々が
活動の主体となっていく可能性を示している。

　第5章において，山口は，唐桑町（宮城県）での震災復興キャンプの展開過
程におけるキャンパーたちの語りや行動から，唐桑キャンプという意味世界に
ついて〈つながり〉をキーワードに考察している。山口は，「『〈つながり〉の
多元性』を有する唐桑キャンプでは，個々のキャンパーがそれぞれ異なる〈つ
ながり〉を有しており，また形成していた」（山口, 2015a, p.164）として，唐桑
キャンプを「多元的に形成・展開される『〈つながり〉を通じた現地の人びと
のエンパワーメント』を核とした意味世界」（同上, p.165）と意味づけ，ワーク
キャンプを多元的な〈つながり〉を通してエンパワメントを促進する実践とし
て位置づけている。

　第6章において，山口は，キャンパーへのインタビュー調査を通して，親密
圏としての唐桑キャンプから公共性が浮上する論理について考察している。山
口は，ワークキャンプが親密圏における楽しさに終始しないためには，「〈現地
の人びとの意味世界との接触〉や〈つながり〉の経験に基づく多様な意見が交わ

第**3**章　学生セツルメントおよびワークキャンプにおける学習論研究の意義

されるミーティングや話し合いを十全に作動させ，ワークキャンプを異質な個々人が呼応し多様な活動が創発する交響体にしなくてはならない」（山口，2015b，p.199）として，ミーティングや話し合いの重要性を述べている。

　最終章において，西尾は，親密圏から公共性が誘発される条件，理性的なるものの位置取り，学生キャンパーのアマチュアリズムの捉え方，国家や市場に対する対抗性という事柄について，三者それぞれの相違を確認しつつ，そこでの論点の総合化を試みている。西尾は，「ワークキャンプは，どのような条件の下であれば，親密圏としてキャンパーの承認を満たすと同時に，公共圏へと働きかけて社会変革の基盤ともなりうるのだろうか」（日下・西尾・山口，2015，p.12）という問いに対して，以下のような答えを，ワークキャンプにおける暫定的なエッセンスとして示している。

　　承認欲望を契機として発生したエネルギーが，理性の歯止めと羅針盤を活用し，生の被傷性を原理とした連帯を形成することによって，公共的機能を果たす力を宿し，社会変革へと向かっていく。（西尾，2015c，p.233）

　西尾，日下，山口は，ワークキャンプのもつ意義や可能性について，様々な角度から考察していたが，そこでの学びの特徴を以下のように整理できるのではないだろうか。まず，「承認欲望」という言葉にあるように，西尾らは，ワークキャンプが社会変革へとつながるプロセスにおいて，キャンパーの承認欲求をその根源として捉えていた。ここでの承認欲求は，以下のような文脈の中で用いられる言葉である。

　　なぜ，若者は不安定化する自らの社会経済的状況にもかかわらず，様々なボランティア活動に身を投じるのであろうか。ひとつの仮説は，より裕福で安定した一部の者たちがそうした活動に参加している，というものである。（中略）近年の日本社会では，市場競争の激化によって人間の価値が労働市

63

第Ⅰ部　文献研究

場のなかに閉じ込められ，また社会の断片化とともに孤独感や不安感が深まっている。そうしたなか，若者たちは自分に自信を持てるようになる経験，共に共感し，行動できる仲間や，彼らからの承認を求めてボランティア活動に参加している，という仮説である。私たちは，この二つ目の仮説に基づき，議論を展開したい。（日下・西尾・山口，2015，p.2）

　すなわち，ここでの承認欲求という言葉は，単に，人から認められたいというだけではなく，自分は社会において何ができるのか，どのような存在でありたいのか，といった自己のアイデンティティを形成する途上にある概念として用いられている。かつて，学生セツルメントのセツラーたちが，活動の意味を問いながら，自分は何をすべきかということについて悩み，葛藤しながら自己を形成していたように，ワークキャンプにおいても，自己と社会をめぐる問いが，活動を推進する原動力となり，学びの契機となりうるということであろう。

　もう一つは，日下が，キャンパーと問題当事者の根拠地における邂逅およびそこでの断絶と衝突から生まれる社会変革のエネルギーについて述べていたように（日下，2015a），あるいは，フィリピン・ワークキャンプにおける剝き出しの人間同士の交流から生ずる祝祭的な空間およびそこでの関係変容について述べていたように（日下，2015b），ワークキャンプでは，現場における労働と交流が大きな意味をもつとされてきた。これは，学生セツルメントの基本原理とされてきた，地域および社会の課題について頭で考えるだけではなく，地域における活動と交流から摑んでいこうとする活動理念とも共通する部分である。

　ただし，山口が，ワークキャンプにおけるミーティングや話し合いの重要性を指摘していたように（山口，2015b），ワークキャンプでは，現場における労働と交流のもつ意味が重視される一方，他方では，ワークキャンプが親密圏における楽しさに終始しないための歯止めとなりうる理性的な行為の必要性も述べられていた。日下は，理性をめぐる議論について，「ワークキャンプにおける理性の果たす役割を，『自己の抑制』と『他者との媒介』に分けることが有効

だろう」（日下, 2015c, p.218）と述べ，自己や自集団が暴走し，他者を省みなく
なる危険性を防ぐという役割では理性を否定しないが，「理性を偏重するコミュ
ニケーションは，キャンパーと現地の人びととの間にもともと横たわる非対称な
権力関係を助長しかねない」（同上, p.218）として，その暴力性について指摘し
ている。

　日下は，キャンパーと現地の人々の間の権力関係について考察していたが，
ワークキャンプという集団活動を考えた時，理性を偏重するコミュニケーショ
ンが，キャンパー同士の間における非対称な権力関係を助長する可能性もあろ
う。ワークキャンプと他のボランティア活動の違いが，「ワーク（労働）だけ
でなく，キャンプ，共同生活に力点を置き，そこでもたらされる親密性にこだ
わる」（西尾, 2015a, p.30）点にあるのだとすれば，キャンパーと現地の人々の関
係はもちろんのこと，親密圏の形成過程におけるキャンパー同士の非対称な権
力関係および理性のもつ暴力性にも向き合う必要がある。

　次に，ワークキャンプの具体的なプログラムにおいて，こうした課題はどの
ように捉えられてきたのか。ワークキャンプにおける学びのプロセスに関する
研究を概観する。

２．異質な他者との出会いから生じる〈ゆらぎ〉の学習論

　大学生を中心とした任意団体である「ESD ボランティアぽらばん」が国立
ハンセン病療養所邑久光明園で実施しているワークキャンプを分析した松岡広
路は，そのワークキャンプの特徴として，「小集団による肉体労働・共同作業・
交流プログラム・リフレクションなどを通して，理性的に考えがちな自分の立
ち位置，自分と他者，自分と社会の関係を，一度忘れ去ること」（松岡, 2019, p.149）
をあげている。松岡によれば，ワークキャンプの学習論の意義は「理性の中で
囚われてきたものを解放し，新しいものを得る構えをつくる」（同上, p.149）こ
とにあるという。また，京都府南丹市美山町におけるワークキャンプを分析し
た名賀亨の論文においても，「不安や緊張が解きほぐされ，他者との関係が深

第Ⅰ部　文献研究

まるにつれて自己解放が起こり，ワークキャンプへの主体的参加の度合いが高まってくる。こうした心理状態の時に新しい事象や考え方あるいは意見に出合うと，それらが比較的スムーズに吸収され多様な学びが生まれてくる」（名賀，2019，pp.233-234）として，キャンパーがこれまでに身に付けてきた思考や認識の型を一旦解放することの意義が述べられている。

　松岡と名賀が論文中で述べているのは，キャンパー同士あるいはキャンパーと住民が，これまでに身に付けてきた思考や認識の型を一旦解放することで，相互交流を活性化し，新たな思考や認識の型を生み出そうとする学びのプロセスである。しかし，思考や認識の型が解放された状態にあるということは，これまでにキャンパーが身に付けてきた固定観念を批判的に省察しうる機会であると同時に，そこで得た気づきを無批判に受け入れやすい状態であるともいえよう。両者の論文では，この問題について直接的には触れられていないが，松岡の論文では，「心理的・理性的に事態を整理し，自分たちと相手の立場の相違を冷静に考えることのできる場」（松岡，2019，p.151）が相互交流を生み出す構成要素の一つとして位置づけられている。また，名賀の論文では，ワークキャンプの2つの学びの場として，実践現場という非日常的な学びの場と，準備段階などを含む実践現場外の学びの場があげられている（名賀，2019，pp.236-238）。ワークキャンプ内外に批判的省察の機会を含む学びの機会が配置されていること，そして，それらの設計・準備段階からキャンパーが関わることのできる環境が整えられていることが，ワークキャンプにおける学びを支援していく上では重要な点と考えられるということであろう。

　次に，こうした学びのプロセスがワークキャンプのプログラムとして，具体的にどのように構造化されているのかを先行研究から整理する。松岡は，ワークキャンプにおける異質な他者同士の相互交流が生起するプロセスとして，「①個と仲間の関係変容のダイナミズムが生まれる場」「②他の仲間との接触の場」「③衝突の生まれる場」「④葛藤を許容する場」「⑤調和のプロセスが生まれる場」（松岡，2019，pp.150-151）という5つの場の連動からなる相互交流モデルを示

している。さらに，松岡は，この「仲間・接触・衝突・葛藤・調和」（同上, p.151）からなるサイクルについて，「サイクルの周期や周回数は，実践の当事者（スタッフ・参加者・異質な他者など）の心身の状況やワークキャンプ以外のプログラムとの接触状況による」（同上, p.151）として，必ずしも，このサイクルが1回のプログラム内で完結する必要はなく，広い視野で周期や周回数について捉えていく必要があると述べている。

　また，名賀は，ワークキャンプにおける学びの意義として，当事者とともに働き，時間をともにすることで，キャンパー自身が当事者に近づいていくことをあげている（名賀, 2014）。そして，こうしたワークキャンプにおける他者との相互作用を生み出す仕掛けについて，①導入，②ワーク，③交流，④リフレッシュ，⑤リフレクション，⑥クロージング，⑦ワークキャンププログラムの非日常性，⑧その他（ワークキャンプの当日運営に直接関わってもらうための係の仕掛け等）の8点に整理している（名賀, 2016）。

　さらに，NGOである「サルボダヤシュラマダーナ運動(Lanka Jathika Sarvodaya Shramadana Sangamaya)」がスリランカで実施するワークキャンプを分析した古橋敬一は，村人と取り組む道路整備の「共同作業」と寺院の境内や村の広場を利用して通例1日に3回開かれる「家族集会」，その他にも，一緒にとる食事，休憩，意見交換会などの活動が組み合わされることで，村の自立がリズムよく支援されていると分析した。さらに，古橋は，ワークキャンプを「関係を再構築するための『ごっこの世界』」（古橋, 2004, p.115）として捉え，非日常体験の中で失敗と成功を通した学びを獲得していくことが，これからのまちづくりや地域づくりにおいて必要とされているのではないかと考察している。

　ここまでワークキャンプにおける学びのプロセスに関する研究を概観してきた。そこでは，「共同作業」「相互交流」といった言葉で表されるワークキャンプを通して形成される集団の特性，そして，「個と仲間の関係変容」「当事者に近づいていく」などの言葉で表される異質な他者との出会いを生み出すプロセス，さらに，「衝突」「葛藤」といった言葉で表される自らの価値観や考えに見

第Ⅰ部　文献研究

直しを迫るような学びが注目されていた。すなわち，ワークキャンプにおいては，「共同作業」「相互交流」といった集団の特性から，「個と仲間の関係変容」「当事者への接近」といった異質な他者との出会いを生み出すプロセスが生起し，そのような出会いを通して，参加者たちが「衝突」「葛藤」といった自らの価値観や考えに見直しを迫るような学びを経験していくといった学びのプロセスが想定されてきたといえよう。

　ここで，こうした学びのプロセスを，ワークキャンプにおける〈ゆらぎ〉の学習論として整理すると，大きく2つの〈ゆらぎ〉を契機として生じる学びのプロセスとして整理できるのではないだろうか。それは，一つに，名賀が，「不安や緊張が解きほぐされ，他者との関係が深まるにつれて自己解放が起こり，ワークキャンプへの主体的参加の度合いが高まってくる」（名賀, 2019, pp.233-234）と述べた時の，ワークキャンプ序盤において参加者に不安や緊張を生じさせるような〈ゆらぎ〉（学習者がこれまでに身に付けてきた思考・行動様式および基盤〔すなわち「生活世界」〕が不安定な状態になること）である。ワークキャンプにおける集団は，参加者の自発性によって運営されている。したがって，そこでの振る舞いについても，必ずこうしなければならないといった型は存在しない。こうした自発性，対等性を求める集団への戸惑い，すなわち，自分が集団内においてどう振る舞えばよいかわからないといった状態がワークキャンプ参加時における初発の〈ゆらぎ〉となりうる。

　もう一つは，松岡が，「仲間・接触・衝突・葛藤・調和」（松岡, 2019, p.151）からなる相互交流のモデルとして示したような，ワークキャンプにおける異質な他者との出会いから生じる〈ゆらぎ〉である。松岡が，相互交流のサイクルについて，必ずしも1回のワークキャンプ内で完結するわけではないと述べていたように，ワークキャンプにおいて，仲間集団が形成され，異質な他者との出会いが生じたからといって，必ずしも，「衝突」「葛藤」が起こるわけではない。今後，ボランティア活動における参加者の学びに関する研究を進めていく上では，参加者の置かれている状況など，ワークキャンプ内外の条件も含めて

検討を行い，多様な〈ゆらぎ〉を生み出すための出会いの条件を探るとともに，ワークキャンプ参加者が経験している〈ゆらぎ〉の実相を明らかにしていく必要があるだろう。

3．周辺支援者・教員・実践者の役割と学び

　次に，こうしたワークキャンプをどのようにして実施することができるのか，支援の仕組みとその方法について論じた先行研究を概観する。名賀は，大阪ボランティア協会で実施されていた高校生ワークキャンプの分析を通して，参加者の気づきを引き出すワークキャンプの仕組みとして，プログラムの運営に参加者が主体的に関わることのできる仕組みと周辺支援者の役割について考察している。名賀は，高校生ワークキャンプにおける大学生の役割について，「ワークキャンプの参加者とチーム員が"共に居ること"と"共に動くこと"を基本に，参加者に常に寄り添い揺れ動くという形でのファシリテートが，このワークキャンプの大きな特徴の一つ」であり「チーム員が年齢面でも感性の面でも高校生と近い位置にいることが，面白いファシリテートにつながりやすい」（名賀, 2019, pp.99-100）として，その意義について述べている。しかし，名賀は「それは裏を返せば，ノリのままで終わってしまう危険性も併せ持っているということでもある」（同上, p.100）として，高校生参加者と大学生のチーム員を見守る担当職員の関わりおよび大阪ボランティア協会において「アソシエーター」（同上, p.101）と呼ばれるボランティアスタッフの関わりの意義についても考察している。

　林陸雄は，桃山学院大学が実施する国際ワークキャンプの展開過程を整理し，現在の課題と今後の展望について述べている。林は，2002年にバリ島で起きたテロ事件によりワークキャンプの実施を中止した際，大学もワークキャンプ実行委員会も現地のニーズに思いを馳せることができなかったことを課題にあげ，活動初期には学生主体のボランティア活動として位置づけられていた国際ワークキャンプが，次第に教育プログラムや国際支援プログラムとしての性格を帯

第Ⅰ部　文献研究

びており，大学はその位置づけについて整理すべきであると述べた。さらに，
今後の国際ワークキャンプの維持・発展のためには，引率教員の体制を整えて
いかねばならないとして，大学へのいくつかの提案を行っている（林, 2007）。

　佐藤陽は，社会福祉協議会で実施されてきたワークキャンプの歴史的経緯を
整理するとともに，ワークキャンプにおける参加者の即時的変容を明らかにし
た先行研究を取り上げ，ワークキャンプの福祉教育実践としての有効性を示し，
その評価視点として，5つの構成要件と11の視点を提示している（佐藤, 2006）。
また，佐藤は，実践者自身が事業を分析し，その効果について評価し，実践方
法を研鑽していくことが必要だとして，実践者がトライアンギュレーションア
プローチを用いて実践に向き合うことを提案し，事例分析を試みている（佐藤,
2010）。さらに，佐藤は，これまでの研究から，ワークキャンプの分析枠組み
として，①ワークキャンププログラムの実践枠組み，②ワークキャンププログ
ラムの具体的な展開方法，③ワークキャンププログラムの学習支援者の役割に
ついて整理を行い，これらの分析枠組みを用いて，3市の社会福祉協議会にお
けるワークキャンプの事例分析を行った。そして，その結果として，ワークキャ
ンプ参加者が地域共生社会を実現する主体となっていくためには，ワークキャ
ンプ終了後に継続的な地域活動などにつながるようなコーディネーターとして
の役割が必要だと考察している（佐藤, 2018）。

　先行研究で述べられていたように，ワークキャンプは「周辺支援者」「実践
者」など，様々な人の関わりによって成り立つ実践である。今後，ワークキャ
ンプを発展させていくためには，ワークキャンプを支える仕組みとその方法に
ついて，さらなる研究を進めていく必要があろう。また，その際，名賀と佐藤
が，それぞれ，「周辺支援者」と「実践者」の学びについて言及していたが，
ボランティア活動における学びをより広い視野から捉えるには，ワークキャン
プ参加者のみならず，「周辺支援者」「実践者」に固有の学びとそれらの連関を
通した総合的な学びについても分析する研究視座が求められよう。

4．ワークキャンプにおける学習評価研究の課題

　最後に，ワークキャンプにおける学習効果を主に量的研究の手法を用いて測定した研究を取り上げる。高野利雄は，ワークキャンプにおける中学生27名の自己評価の変化について，質問紙調査の結果およびリーダーが記したメモ，ミーティングの録音テープ，感想文，観察結果等の資料から，青少年の内的欲求に応えるプログラムを考察している。高野は，調査の結果と考察から，青少年の内的欲求に応じた福祉教育においては，①児童期・青年期の心理的状況と個々のレディネスを把握しておくこと，②相互受容の体験を重視すること，③自己内省をする機会となるよう援助すること，④知的学習を支える体験学習という福祉教育についての教育観・学習観を確立すること，という４つの視点が必要なのではないかとして仮説を示している（高野, 1982）。

　また，小菅洋史は，一般社団法人 CIEE 国際教育交換協議会が運営する「CIEE 海外ボランティア」の2017年の夏期参加者340名のうち，質問紙の回答が得られた165名（ワークキャンプ参加者129名，ホームステイ参加者36名）を対象にその効果測定を行っている。小菅によれば，「社会人基礎力」に関する13項目と「海外ボランティア」の効果に関する12項目における５件法の回答から，「傾聴力」「柔軟性」「計画力」といった３項目についてワークキャンプの方が有意に高い結果が得られたという。さらに，小菅は，因子分析から，「アサーション（Assertion）」「リスクマネジメント（Risk management）」「ソリューションプランニング（Solution planning）」「エスノセントリズム（Ethnocentrism）」という４つの因子を抽出し，このうち，「アサーション」について，ワークキャンプの方が有意に高い結果が得られたと分析している（小菅, 2020）。しかし，小菅も述べているように，ワークキャンプの実施期間は様々であり，また，そこでの学びには，学習者のこれまでの経験やプログラムの構成など様々な要因が影響する。今後，ワークキャンプの学習効果を測定していく上では，様々な条件を考慮しつつ，複数の研究手法を組み合わせた分析が必要となろう。

第Ⅰ部　文献研究

第3節　学生ボランティア活動における学習論研究の意義

1．ワークキャンプの現代版セツルメントとしての可能性

　本章では，学生セツルメントおよびワークキャンプに関する先行研究の概観を通して，ボランティア活動における学びについて，どのような議論が蓄積されてきたのか整理を試みた。まず，両者に類似する学びの特徴として，（1）地域および社会の課題について頭で考えるだけではなく，地域における具体的な活動や交流から摑んでいこうとするプロセス，（2）参加者自身が，多層多元的な活動(6)を通して，自分はどんなことに関心があり，どんなことを学びたいのか，どんな生き方をしたいのかということについて，様々な悩みや葛藤を伴いながら意識化していくといったプロセスが重視されてきたという特徴が見出された。

　戦後の学生セツルメントに関する研究を行った岡本が述べていたように，セツルメントという名称を用いて活動を行っている学生団体の数は大きく減少している（岡本, 2020, p.191）。岡本は，現存する学生セツルメントの展望について，以下のように述べている。

　　学生セツルメントは現在においては全盛期に比べその数は減り，位置づけとしても内容としてもボランティアサークルとのちがいが不明瞭になっている。その一方で，学生セツルメントが担ってきた役割や意義を継承しているといえる学生団体の運動や活動，NPO法人や民間団体の活動等が昨今活発化している。そうした中で，学生セツルメントの歴史や意義が改めて問われているといえるのではないだろうか。(同上, p.230)

　岡本は，こうした学生セツルメントの独自性をめぐる問いについて，学生セツルメントの歴史的，思想的な独自性を認めつつ，「（セツルメントという）名称

を残し，セルメントの思想や精神を継承していくとともに現代の社会や地域のあり方に合わせた実践を模索していく（括弧内筆者）」（同上，p.230）という方向性を示している。確かに，学生セルメントには，独自の歴史があり，また，その歴史の中で形成された思想や精神が内在している。しかし，学生セルメントとワークキャンプは，ともに地域から社会課題を見出し，また，地域において自分を見つめ直そうとしていたという点では共通する実践であった。そして，そうした特徴を，学生セルメントでは「settlement（移住）」という言葉で表し，ワークキャンプでは「camp（宿泊）」という言葉で表した。すべての学生セルメントがセルメントハウスをもっていたわけではないが，かつての学生セルメントのように，地域に住み込みながら活動を行うといった活動形態は，現在の地域や学生を取り巻く社会状況を考えると，容易に実現できるものではないだろう。しかし，ワークキャンプのように一時的な滞在であれば，そのハードルは下がることだと考えられる。こうした意味において，ワークキャンプを現代版セルメントとして捉え，学生セルメントおよびワークキャンプにおいて継承されてきた思想と精神を継承していくとともに，その現代的意義と新たな可能性を考究していくことが求められているのではないだろうか。

2．学生ボランティア活動における学習論研究の展望と課題

　本章で見出された研究課題を以下の3点に整理する。一つは，戦前および戦後の学生ボランティア活動における参加者の学びが，その後の人生にどのような影響を与えたのかという観点からの分析の必要性である。2010年代以降，学生セルメントに関する先行研究は増加しており，山田による学生セルメントの体験を自己分析の手法を用いて描写した研究（山田，2010）や，岡本による戦後の学生セルメントに関する包括的な研究（岡本，2020）が行われている。そこでは，亀有セルメントの資料（山田，2012b）や大阪府立大学収蔵の資料（岡本，2020）など，新たな資料が発見されている。しかし，1976年の時点で全国学生セルメント連合に加盟していたセルメントの数は67団体にのぼると

第 I 部　文献研究

されており（岡本, 2020），先行研究で取り上げられている資料はその一部に過ぎない。2010年代以降，『氷川下セツルメント史——半世紀にわたる活動の記録』（氷川下セツルメント史編纂委員会編, 2014）や『寒川セツルメント史——千葉における戦後学生セツルメント運動』（寒川セツルメント史出版プロジェクト編, 2018）など，主に1960〜70年代のセツラーが中心となって学生セツルメントの記録が整理されつつある。さらに，1980年代以降の学生セツルメントの展開とそこでの学びについても詳細が明らかにされていくことで，徐々に，戦後の学生ボランティア活動における学びの実態が明らかにされていくと考えられよう。

　もう一つは，ボランティア活動における参加者の〈ゆらぎ〉を観点とした実証研究の必要性である。これまで，ワークキャンプに関する研究では，いくつかの学習仮説が示されてきた。しかし，例えば，「仲間・接触・衝突・葛藤・調和」（松岡, 2019, p.151）からなる相互交流モデルについても，具体的に，どのような経験を持ち，どのような状況に置かれている学習者が，どのようなプログラムにおいて，どのような周期・周回数の相互交流のサイクルを生み出しうるのかまでは明らかにされておらず，今後，実証的に仮説を検証していく必要がある。また，本章では，先行研究で述べられていた，異質な他者との出会いから生じる自らの価値観や考えの見直しを迫るような学びのプロセスを〈ゆらぎ〉の学習論として捉え，整理を試みた。その結果，ボランティア活動における〈ゆらぎ〉を観点として，①多様な〈ゆらぎ〉を生み出すための出会いの条件，②ワークキャンプ参加者が経験している〈ゆらぎ〉の実相，③多様な〈ゆらぎ〉の連鎖を通した参加者の学びのプロセスについて明らかにしていく必要性が見出された。こうした〈ゆらぎ〉をめぐる実証研究も今後の課題である。

　最後は，ボランティア活動における学びをより長期的なものとして捉え，そのプロセスについて探究していく必要性である。岡本は，当時の学生セツルメントの経験について，長年，葛藤を抱えているセツラーがいることを指摘した（岡本, 2020, p.217）。また，ワークキャンプに関する研究において，松岡は，相互交流のサイクルの周期について，より広い視野から捉える必要性を述べてい

第3章 学生セツルメントおよびワークキャンプにおける学習論研究の意義

た（松岡, 2019, p.151）。ボランティア活動における学びを考究していく上では，参加者の即時的変容のみならず長期的な変容過程についても視野に入れていく必要があろう。さらに，ボランティア活動における学びは，参加者としての学びに限らない。今後，ワークキャンプにおける学びをより総合的に捉えていくには，「コーディネーター」（西尾, 2015a），「周辺支援者」（名賀, 2004），「実践者」（佐藤, 2010）といった複数の立場にある学習者の学びも視野に入れつつ，それぞれに固有の学びと，それらの連関を通した学びのプロセスについても分析する研究視座が求められよう。

これらを研究課題として学生セツルメントやワークキャンプにおける学びのプロセスを〈ゆらぎ〉の学習論として普遍化していくことで，サービス・ラーニングにおける新しい学びの展開および地域と学校の協働に求められる教育の原型を探究する道を拓くことになるのではないだろうか。次章以降では，こうした流れに位置づく研究として，筆者が長年参与観察を続けるワークキャンプを事例にワークキャンプにおける〈ゆらぎ〉の学習論を考究していく。

注

⑴　学生セツルメントおよびワークキャンプをボランティア活動の源流と位置づけた文献としては『希望への力──地球市民社会の「ボランティア学」』（興梠, 2003），『ボランティアのすすめ──基礎から実践まで』（守本・河内・立石編, 2005）などがある。

⑵　CiNii Articles・Dissertations を用いて「学生セツルメント」「大学セツルメント」「帝大セツルメント」「東大セツルメント」「ワークキャンプ」をタイトルに含む1951年から2020年までの論文検索を行った結果，戦前・戦後の学生セツルメントに関する体系的な先行研究レビューが行われていたのは，「戦後学生セツルメントの展開に関する研究」（岡本, 2020）のみであった。しかし，このレビューは，学生セツルメント研究における研究視座を明確にするために行われたものであり，そこでの学びに焦点化したものではない。また，ワークキャンプに関する先行研究について整理された論文は存在しなかった。

第Ⅰ部　文献研究

⑶　現在，国内外でワークキャンプを実施する団体としては，FIWC，ACTION，good！，山村塾，NICE などの団体がある（西尾編，2009）。また，桃山学院大学などの大学が主催となって実施するワークキャンプもある（林，2007）。さらに，国内のワークキャンプとしては，「京都ボランティア学習実践研究会」が京都府南丹市美山町で実施する美山ワークキャンプ（名賀，2014），「ESD ボランティア　ぼらばん」が国立ハンセン病療養所「邑久光明園」（瀬戸内市）で実施するワークキャンプ（松岡，2019）などがある。

⑷　学生セツルメントの研究者である岡本周佳によれば，現在も活動を続ける大学のサークルや，診療所などの形で歴史を引き継ぎ活動しているという例も見出されるという（岡本，2020, p.191）。

⑸　岡本は，大学や教員の援助が大きかった戦前のセツルメントと，戦後の学生主体の活動を区別するために，前者を「大学セツルメント」，後者を「学生セツルメント」と区別している。本書では，大学や教員の援助があったとしても，戦前のセツルメントが学生主体ではなかったとはいえないことから，両者をともに学生セツルメントという枠組みで捉えている。なお，岡本による学生セツルメントの定義は以下の通りである。

　　大学拡張運動・セツルメント運動の系譜をもつ東京帝大セツルメントが解散したのち，戦後の東大セツルメントを端緒として学生が主体となり運営する部活動もしくはサークルとして位置づけられた団体。活動の分野や内容，地域は多岐にわたるが，セツルメントの人格的接触の精神を引き継いだ地域実践とともに，地域や住民の要求に応じた運動が展開された。また，地域や社会の現実に向き合うことで学生の人間形成の場になるという特徴も有していた。それぞれが地域の現実に即した多彩な活動を行いながらも，地域の広域連合や全国の連合といった組織化がなされ相互に関連していたが1989年の全国セツルメント連合の解散以降，その数は激減し実践の質も変容している。（岡本，2018, p.101）

　岡本の学生セツルメントの定義における「活動の分野や内容，地域は多岐にわたるが，セツルメントの人格的接触の精神を引き継いだ地域実践とともに，地域や住民の要求に応じた運動が展開された。また，地域や社会の現実に向き合うことで学生の人間形成の場になるという特徴も有していた」という部分については，戦前の学生セツルメントの性質とも重なる部分といえよう。

76

第**3**章　学生セツルメントおよびワークキャンプにおける学習論研究の意義

⑹　ここでの「多層多元的な活動」とは，まず，その活動が，個人の学び，集団とし
ての学び，社会運動としての側面といった多元的な次元で捉えられること，そして，
特に，ワークキャンプの先行研究において指摘されていたように，一般参加者以外
にも，「コーディネーター」（西尾, 2015a），「周辺支援者」（名賀, 2004），「実践者」
（佐藤, 2010）といった複数の立場の人の関わりによって成り立つ活動であること，
換言すれば，多層多元的な学習構造の中で学びを得ることができる活動であるとい
うことを意味している。

第Ⅱ部

実践分析

第4章

ワークキャンプにおける学びの契機と様態

　ワークキャンプにおける学びを十全に捉えるには，学習者の内面的変化のみならず，個と集団の相互作用から生じる学びのプロセスを視野に入れる必要がある。このように学びが生じる場に着目する学習論は状況論と呼ばれ，近年，様々な現場における学びのダイナミクスを明らかにしようとする研究において用いられている[2]。学びのダイナミクスの定義は論者によって異なるが，本書では，学習者と学習者を取り巻く多層多元的な学習構造（他者，集団，時代背景など）との相互作用から生じる学びの動態という意味で用いる。第4章から第6章では，筆者が10年来参与観察を続けるワークキャンプにおいて，サブディレクター[3]の一人として参加した2018年の事例を取り上げる。本章では，このワークキャンプにおける学びの契機とその様態を描出することを目的とする。

第1節　分析枠組み

1．本書におけるワークキャンプの定義
　ワークキャンプは，「ワーク＝労働」と「キャンプ＝共同生活」を特徴とするボランティア活動である（日下・西尾・山口，2015, p.10）。その定義としては，「社会問題のある地域に出かけ，そこで一定期間（短いものは週末，長いものは数か月，一般的には2週間程度）泊まり込み，土木作業などの労働奉仕を行う活動」（西尾，2015a, p.27）あるいは「社会的課題解決のために当事者以外の他者の応援

第Ⅱ部　実践分析

が必要な現場に，主体的な意思で集まった参加者たちが共に出向き，一定期間の宿泊を伴った共同生活をしながら，その現場でのニーズに労働というスタイルで直接的に関わっていくボランティア活動実践」（名賀, 2014, p.38）というものがある。ワークキャンプの特徴を整理すると，参加者の主体的な意思を前提として，労働と宿泊という活動形態を伴いながら，社会課題の解決を目指したボランティア活動といえよう。

　また，本書では，第3章で述べた通り，ワークキャンプを，（1）地域および社会の課題について頭で考えるだけではなく，地域における具体的な活動や交流から摑んでいこうとするプロセス，（2）学生自身が，多層多元的な活動を通して，自分はどんなことに関心があり，どんなことを学びたいのか，どんな生き方をしたいのか，ということについて，様々な悩みや葛藤を伴いながら意識化していくといったプロセスをその学習論的特徴としてもつボランティア活動と捉えている。

2．対象とするワークキャンプの概要

　本書では，ESD プラットフォーム WILL（以下，WILL という）が主催するワークキャンプを分析対象とする。WILL は大学生を中心とする任意団体であり，ワークキャンプの他にも阪神間をベースとした様々な分野・領域のボランティア活動に取り組んでいる。WILL では，自分が何をしたいのかがわからない若者や，人や社会とつながることに苦手意識を感じている人が，ボランティア活動を通して様々な出会いと交流を経験し，さらに，自分たち自身がワークキャンプなどの企画・運営に携わることを通して，ボランティアとは何か，自分とは何者かを問い直しながら，持続可能な社会を創造する主体となっていくことを企図している。WILL のワークキャンプは，こうした活動の中心に位置づく活動であり，2007年より毎年，国立ハンセン病療養所「邑久光明園」（瀬戸内市）にて実施されてきた。

　このワークキャンプは，原則，高校生以上を対象に参加者を募集している。

1日目	2日目	3日目	4日目	5日目	6日目	7日目
	体操	体操	体操	体操	体操	体操
	園内清掃	園内清掃	畑作業のお手伝い	園内清掃	畑作業のお手伝い	畑作業のお手伝い
	朝食	朝食	朝食	朝食	朝食	朝食
スタートプログラム	海岸清掃	交流会準備	海岸清掃	海岸清掃	ESD開墾ワークキャンプ場整備作業	片付け
バス移動 昼食						
	昼食	昼食交流会	昼食	昼食	昼食	昼食
設営準備	ESD開墾ワークキャンプ場整備作業	片付け	海岸清掃	海岸清掃	海岸清掃	バス移動
海岸清掃		海岸清掃				最終リフレクション
入浴	入浴	入浴	入浴	入浴	入浴	
夕食	夕食	夕食	夕食	夕食	夕食	
リフレクション	リフレクション	リフレクション	リフレクション	リフレクション	リフレクション	
明日の確認	明日の確認	明日の確認	明日の確認	明日の確認	明日の確認	

図 4 - 1　ワークキャンプのプログラム概要（2018年）

第 4 章から第 6 章で分析対象とした2018年のワークキャンプには，高校生13名，大学生13名，社会人14名，中学生以下 3 名の43名が参加し，男女比は，ほぼ 1 対 1 であった。参加者には全日程参加を推奨しているが，ワークキャンプに複数回参加したことのある参加者については部分参加も可としている。ワークキャンプでは，高校生10名，大学生 5 名，社会人 1 名の16名の参加者が全日程参加であった。ワークキャンプのプログラム表を図 4 - 1 に示す。

　ワークキャンプは2018年 8 月17日から23日までの 6 泊 7 日であった。主なワークの内容としては，海岸清掃を中心としつつ，2009年から整備を続けている ESD 開墾ワークキャンプ場（以下，つどいの広場という）の整備や，園内清掃，入居者の畑作業の手伝いなどを行った。また，肉体労働以外の活動としては，入居者との交流を目的とした昼食交流会，アイスブレイクや自己紹介のワークショップを含むスタートプログラム，参加者が 1 日の気づきを振り返るリフレクションなどがプログラムに組み込まれていた。

　2018年のワークキャンプで使用したワークシートの一覧を図 4 - 2 から図 4 - 4 に示す。初日のスタートプログラムにおいて図 4 - 2 に示した「スタートシート」を使用し，また， 1 日目から 6 日目までの毎晩のリフレクションでは図 4 - 3 に示した「ふりかえりシート」を用いた。さらに， 7 日目の最終リフレクショ

第Ⅱ部　実践分析

ESD プラットフォーム

ぼらばん夏のワークキャンプ　あなたの今の気持ちは？

第１日目　８月１７日　名前またはＥぷらネーム

※※※※※※※※※※※※※※※※※※※※※※※※※※※※※※※※※※※※

1. あなたは、なぜ、このキャンプに参加しようと思ったのですか？（参加の動機を書いてください）

2. 今回のワークキャンプ（プログラム）がどんなものになれば良いと思いますか？
   　（あなたがこのキャンプに期待することを書いてください）

3. 今回のワークキャンプでのあなたの目標は…？

4. あなたにとって"ボランティア"って何だと思いますか？

5. あなたのことを教えてください
   　私はこんな人間です（絵でも文章でも構いません！）

6. 今のあなたの気持ちにぴったりの表現を、下から３つ選んで〇をしてください。
   　①うきうき　　②いやいや　　③ドキドキ　　④不安　　　　⑤友達をつくるぞ
   　⑥こわい　　　⑦楽しむぞ～　⑧ゆううつ　　⑨さびしい　　⑩ぼ～っとしている
   　⑪わからない　⑫楽しいな～　⑬おもしろいな～　⑭どうでもいいわ～
   　⑮その他（　　　　　　　　　　　　　　　　　）

7. その他、何か気になることがあれば、自由に書いて下さい

図４‑２　2018年のワークキャンプにおけるスタートシート

第4章　ワークキャンプにおける学びの契機と様態

夏のワークキャンプ　ふりかえり用紙

第　日目　8月　日　Eぷらネーム

※※※※※※※※※※※※※※※※※※※※※※※※※※※※※※※※※※※※※※

1. 今日、あなたは、どのような活動をしましたか

2. 今日の一日を、色に例えると何色？

（　　　　　　　色）　　　その心は？

3. あなたは、今日一日、積極的にやれましたか　（該当すると思われる番号にチェックを）
   ・知らないメンバーと話すように努めた　　　5□　4□　3□　2□　1□
   ・自分なりにしっかりと動いた　　　　　　　5□　4□　3□　2□　1□
   ・自分なりにしっかりと考えた　　　　　　　5□　4□　3□　2□　1□
   ・ワークの準備や片付けに積極的に参加した　5□　4□　3□　2□　1□

4. 今日一日で印象に残ったことを、3つまでかきとめましょう
   （　　　　　　　　　　理由：　　　　　　　　　　　　　　　）
   （　　　　　　　　　　理由：　　　　　　　　　　　　　　　）
   （　　　　　　　　　　理由：　　　　　　　　　　　　　　　）

5. 今日一日で印象に残った人を、3人までかきとめましょう
   （　　　　　　　　　　理由：　　　　　　　　　　　　　　　）
   （　　　　　　　　　　理由：　　　　　　　　　　　　　　　）
   （　　　　　　　　　　理由：　　　　　　　　　　　　　　　）

6. 今のあなたの気持ちを、下から3つ選んで○をしてください。
   ①うきうき　　②いやいや　　③ドキドキ　　④不安　　　⑤友達をつくるぞ〜
   ⑥こわい　　　⑦楽しむぞ〜　⑧ゆううつ　　⑨さびしい　⑩ぼ〜っとしている
   ⑪わからない　⑫楽しいな〜　⑬おもしろいな〜　⑭どうでもいいわ〜
   ⑮その他　（　　　　　　　　　　）

7. 何か気になることがあれば、自由に書いて下さい

図4-3　2018年のワークキャンプにおけるふりかえりシート

第Ⅱ部　実践分析

夏のワークキャンプ　総ふりかえりシート

最終日　８月２３日　Eぷらネーム

※※※※※※※※※※※※※※※※※※※※※※※※※※※※※※※※※

１．ワークキャンプ全体をふりかえりましょう。
　　以下の文章の〇〇〇の部分に、単語または文をいれて、完成させてください。
　　全部の文章を完成させる必要はありません。

■ 私は、〇〇〇をうれしく感じています。

■ 私は、〇〇〇に怒りを感じています。

■ 私は、〇〇〇をさみしく感じています。

■ 私は、〇〇〇を不安に感じています。

■ 私が楽しみにしているのは、〇〇〇です。

■ 私が気になっているのは、〇〇〇です。

２．このワークキャンプは、あなたの期待どおりでしたか？　　□ＹＥＳ　　□ＮＯ

３．あなたは、自分の目標を達成できましたか？　　　　　　　□ＹＥＳ　　□ＮＯ

４．今のあなたの気持ちを、下から３つ選んで〇をしてください。
　①うきうき　　②いやいや　　③ドキドキ　　④不安　　　⑤友達をつくるぞ～
　⑥こわい　　　⑦楽しむぞ～　⑧ゆううつ　　⑨さびしい　⑩ぼ～っとしている
　⑪わからない　⑫楽しいな～　⑬おもしろいな～　⑭どうでもいいわ～
　⑮その他（　　　　　　　　　　　）

図４-４　2018年のワークキャンプにおける総ふりかえりシート

ンでは図4−4に示した「総ふりかえりシート」を用いてワークショップを行った。なお，このワークキャンプはWILLと神戸大学大学院人間発達環境学研究科ヒューマン・コミュニティ創成研究センターの主催プログラムという位置づけで実施されたものである。

3．ワークキャンプにおける学びを捉える視座

3−1．ワークキャンプを通した参加者の多様な主体形成過程

　ワークキャンプにおける参加者の学びのプロセスについて，佐藤陽は，ワークキャンプを評価するための基本枠組みとして，「『事前学習（認知する）』→『実践準備（意識する）』→『具体的体験（認識する）』→『考察（理解する）』」という流れからなる「体験学習展開過程」（佐藤, 2006, p.162）を作成している。佐藤が作成した評価枠組みを図4−5に示す。

　また，名賀亭は，ワークキャンプにおける参加者の意識変化のプロセスとして，図4−6に示すモデルを提示している。名賀によれば，ワークキャンプの参加者は，「Ⓐ＝これまでの自分の経験にはなかった場で，プログラムが始まったばかりで不安や緊張が大きくなかなかプログラムに主体的に関われない，Ⓑ＝徐々にワークキャンプの意味が見えてきて，不安や緊張が少し落ち着く，Ⓒ＝まだ自分の立ち位置が不明確で気持ちは揺らいでいる状態，Ⓓ＝ワークキャンプの流れに巻き込まれていく中で自分の立ち位置も見えはじめて気持ちが安定し自分が徐々に解放される，Ⓔ＝自分の知らなかった自分の中の未知の空間の中で動く面白さを感じながら，自分自身が積極的に関わりどんどん変わっていく，Ⓕ＝ワークキャンプでの出来事が自分の中に定着し面白さを身体全体で感じ気持ちが盛り上がった時に，仲間と別れその場を去る寂しさを感じる。その気持ちが次のワークキャンプにも参加したいという気持ちを生み出す」（名賀, 2016, p.30）というプロセスをたどることが多いという。

　こうした学びのプロセスを参加者の主体形成の観点から捉えると，佐藤の「体験学習展開過程」においては，「具体的体験（認識する）」の段階における地域・

第Ⅱ部　実践分析

Ⅰ．学習者の基本姿勢 a．自ら進んで体験学習に取り組む　b．体験を通じて感じ，気づき，考えたことを他者に伝える			
【認知する】	【意識する】	【認識する】	【理解する】
事前学習	⇨ 実践準備	⇨ 具体的体験（実践）	⇨ 考察（ふりかえり）
		Ⅱ．自分を大事にするように他者を大切に思う c．学習者は体験の中で，直接交流する人たちと関わることができているのか d．他者とのかかわりの中で自己をみつめる努力をしているか e．単なる学習素材として直接交流する人をみていないか	
		Ⅲ．違いを認める（特別な人たちの問題にしない） f．直接交流する人を理解しようとするか	Ⅴ．福祉を日常化する i．自分の生活につなげて考えているか j．体験で終えることなく，継続してかかわろうとしているか k．社会や福祉問題への関心をもっているか
		Ⅳ．人間らしく生きることを阻まれていないか考える g．体験を通じてさまざまな課題に気づいているか h．福祉体験学習において直面した課題解決に取り組んでいるか	

図4-5　ワークキャンプの評価視点についての基本枠組み

出所：佐藤，2006, p.164

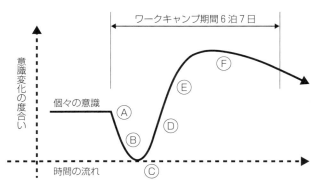

図4-6　意識変化の様相

出所：名賀，2016, p.30

社会課題への気づきや自己の見つめ直し,「考察（理解する）」の段階における自身の生活の見つめ直しや,ワークキャンプおよび他の地域・社会課題への関心の高まりといった学びのプロセスを参加者の主体形成過程の一つの展開として捉えることができよう。また,名賀の示したワークキャンプにおける自己解放のプロセスでは,ワークキャンプ中の自身の変化やプログラムに積極的に関わることの面白さへの気づきが,次のワークキャンプへの継続的な参加を生み出すといったプロセスが想定されている。さらに,名賀は別の論文において,ワークキャンプには実践現場の内と外という2つの学びの場があり,企画,参加者募集,事前研修といった準備段階からワークキャンプに参画することで得られる学びの意義についても言及している（名賀,2019）。このように参加者からスタッフへと役割を変化させていくプロセスもワークキャンプにおける重要な主体形成過程といえよう。

すなわち,ワークキャンプを通した参加者の主体形成過程には,ワークキャンプへの継続的な参加を通してワークキャンプ実践者としての学びを得つつ,その実践現場において地域・社会との関わりを深めていくといったプロセスもあれば,ワークキャンプ中に地域・社会課題への気づきや自己の見つめ直しを経験し,ワークキャンプ後に他の地域・社会課題への関心が高まっていくといったプロセスも想定される。さらに,ワークキャンプ直後に前述のような主体形成過程をたどる場合もあれば,他の学習プログラムとの連関の中で一定の期間を空けた後に何らかの要因をきっかけとして地域・社会課題への関心が高まっていくといったプロセスも考えられる。このようにワークキャンプを通した主体形成過程は参加者の数だけ存在するといえよう。

3-2. ワークキャンプにおける学びの契機としての〈ゆらぎ〉への注目

本書では,こうした多様な主体形成過程につながる学びの契機として,ワークキャンプにおける参加者の〈ゆらぎ〉に注目する。〈ゆらぎ〉とは,佐藤のいう自己の見つめ直しや,名賀のいう自己変容が生じる際の,学習者がこれま

第Ⅱ部　実践分析

で身に付けてきた思考・行動様式，それらの基盤となるものが不安定な状態になることを意味する。尾崎新は，社会福祉の現場において，時に混乱や危機を伴いながら生起する学びの契機を〈ゆらぎ〉という概念で捉えた。

　　「ゆらぎ」は，①システムや判断，感情が動揺し，葛藤する状態である。また，②「ゆらぎ」は，混乱，危機状態を意味する側面ももつ。しかし，③「ゆらぎ」は，多面的な見方，複層的な視点，新たな発見，システムや人の変化・成長を導く契機でもある。(尾崎, 1999, p.19)

　ここでいう「システム」について，尾崎は明示していないが「文化─歴史的な社会的活動システム」(Engeström, 2015 ＝ 山住訳, 2020)[5] を指すものだと考えられよう。尾崎が提起した〈ゆらぎ〉概念は，福祉教育やボランティア活動における参加者の変容を捉える概念として用いられてきた[6]。しかし，論者によって，〈ゆらぎ〉の用いられ方は微妙に異なっており，実践分析のツールとしての〈ゆらぎ〉概念は未定である。以下では，〈ゆらぎ〉の概念規定を試みる。

　河村美穂，諏訪徹，原田正樹は，福祉教育実践における学習者の〈ゆらぎ〉について，「学習者自身の生活世界が未知のあるいは予測しない刺激を受けて不安定な状態になるということ」(河村・諏訪・原田, 2004, p.169) と概念化している。また，ここでの「生活世界」は，「個々の学習者がこれまで生きてきた履歴，考え方，価値観を基盤として，現在の興味，関心，嗜好を合わせてその時点でつくりあげている個人が独自に有する世界」(同上, p.170) と定義されている。ここでは，〈ゆらぎ〉について，学習者の「生活世界」，すなわち，学習者がこれまでに身に付けてきた思考・行動様式および基盤が不安定な状態になること，という意味で用いられている。

　さらに，河村らは，学習者の〈ゆらぎ〉の生成プロセスを「表層的なゆらぎ」と「深層的なゆらぎ」に分けて説明する。「表層的なゆらぎ」とは「引っかかりのある問題に出会い，その問題を自分の身に引き寄せることなく，ちょっと

90

戸惑う，考える」（同上，p.167）状態であり，「深層的なゆらぎ」とは「問題を自分の身に引き寄せ，深く内省的に考える」（同上，p.167）状態とされる。また，「深層的なゆらぎ」とほぼ同義と思われるが，ゆらぐためには「自己との対話」が不可欠であるとして，「対峙した問題をきっかけに自分への問いを持ち自身を相対化すること」「さらに全体の仕組み（構造）を認識しながらその問題に向き合うこと」「そうして自分の生活世界とそれを取り巻く様々な状況や社会福祉問題との関連を考えることが可能となっていく」（同上，p.175）として，学習者が〈ゆらぎ〉に至るまでのプロセスが示されている。

　また，メジロー（J. Mezirow）の変容的学習論も〈ゆらぎ〉を組み込んだものといえよう。メジローは，学習を「将来の行為を方向づけるために，以前の解釈を用いて，自分の経験の意味について新たな，あるいは修正された解釈を作り出すプロセス」（Mezirow, 1991 = 金澤・三輪監訳, 2012, p.18）と定義し，このプロセスを生み出す構造を「意味パースペクティブ」と名づけた。ここで「意味パースペクティブ」は「ある人の『経験が，新しい経験を同化し変換させる』場である前提構造」（同上，p.61）と定義されている。メジローは，学習者が「意味パースペクティブ」を変容させるプロセスを「①方向性を失わせるジレンマ，②恐怖，怒り，罪悪感，羞恥心などの感情を伴う自己検討（self-examination），③前提（assumptions）の批判的評価，④自分の不満と変容のプロセスが他者と共有されていることへの気づき，⑤新しい役割，関係，行動の選択肢の探索，⑥行動計画の作成，⑦自分の計画を実行するための知識と技能の習得，⑧新しい役割の暫定的試み，⑨新しい役割や関係における能力と自信の構築，⑩自分の新しいパースペクティブに規定される条件に基づいた人生への再統合」（Mezirow, 2000, p.22）とモデル化した。ここでのジレンマ，自己検討，批判的評価のプロセス（①〜③）が〈ゆらぎ〉に相当すると考えられよう。

　つまり，先行研究によると，学びの契機となる〈ゆらぎ〉とは，「表層的なゆらぎ」と関係しつつ，学習者がこれまで身に付けてきた思考・行動様式および基盤に関する批判的自己省察，すなわち「深層的なゆらぎ」を伴うものと整

第Ⅱ部　実践分析

理しえる。そして，それは，「全体の仕組み（構造）を認識しながら」（河村・諏訪・原田, 2004, p.175），「自分の不満と変容のプロセスが他者と共有されていることへの気づき」（Mezirow, 2000, p.22）といった言葉で表されたように，学習者自身の問題が同時に社会の問題でもあるということへの気づきを伴うものといえる。改めて〈ゆらぎ〉の概念を作業仮説として整理すると，以下のようになる。

　　学習者の学びの契機となる〈ゆらぎ〉とは，学習者がこれまでに身につけてきた思考・行動様式および基盤（すなわち「生活世界」）が不安定な状態になること（「ジレンマ」の感覚生起）であり，それは，一定の時間の中で，学習者の思考・行動様式および基盤に関する批判的自己省察（「自己検討」「批判的評価」「深層的なゆらぎ」）や，学習者に影響を与えてきた社会様式への気づきを伴う場合もある。

3-3. ワークキャンプにおける〈異なる役割経験〉からなる相互作用

　また，レイヴ（J. Lave）とウェンガー（E. Wenger）は，『状況に埋め込まれた学習——正統的周辺参加』（Lave & Wenger, 1991 = 佐伯訳, 1993）の中で，「正統的周辺参加」という概念を提唱し，学習者の学びを実践共同体への参加の過程として捉え，「行為者の変わりつづける参加の位置と見方こそが，行為者の学びの軌跡（傍点訳者）」（同上, p.11）であると述べた。ワークキャンプにおける学びも，参加者がワークキャンプへの様々な関わりを通して多様な学びを生み出していくという点において，「正統的周辺参加」の概念を用いて捉えることができよう。また，「正統的周辺参加」と同様に，学習者の心理過程を学習者の内的プロセスに還元しない学問的アプローチとして，グループ・ダイナミクスという実践・理論枠組みがある。杉万俊夫は，グループ・ダイナミクスを「集合体動学」（杉万, 2013, p.8）と訳し，様々な集合体を変化していく存在として捉える学問分野であると述べている。

グループ・ダイナミクスの枠組みに基づいた場合，ワークキャンプにおける学びはどのようなプロセスとして捉えることができるのだろうか。杉万は，人々が包まれている多層多元的な集合体を「かや（蚊帳）」にたとえ，自分たちの「かや」に包まれていない人，すなわち，異質性をもっている人と出会うことによって，自分たちと異質性をもった人との間に新たな「かや」が生まれ，その「かや」が自分たちの「かや」に影響を与えることでそれぞれの「かや」が変化していくというプロセスを述べている（同上, pp.39-41）。グループ・ダイナミクスの枠組みにおいては，「かや」とあるまとまりをもった実存としての人間が相互に関連している様態は明らかではないが，関係の網の目としての「かや」に着眼点を置くことで，人間の変化を現象として捉えやすくなるということであろう。以下では，ワークキャンプの学びのダイナミクスを明らかにしていくにあたり，杉万のいう「かや」に着目し，〈異なる役割経験〉をもつ学習者の学びに注目した実践分析を行う。

4．研究方法

4-1．調査協力者

表4-1に本調査協力者の一覧を示す。本章では，ワークキャンプにおける異なる役割経験をもつ参加者の相互作用から生じる学びのダイナミクスに注目するため，2018年のワークキャンプにおける初参加者，スタッフ，ディレクター，サブディレクター各2名にインタビューを実施した。ここで，スタッフとは，ディレクターやサブディレクターといった明確な役割をもたずにワークキャンプにサポーティブに関わる役割を表している。ワークキャンプによっては，備品係，保健係といったように役割が固定される場合もある。また，ディレクターとは，ワークキャンプ全体における司会進行や方針決定を担う役割であり，サブディレクターは，そうしたディレクターをサポートする役割である。

第Ⅱ部　実践分析

表 4 - 1　本調査協力者一覧

	2018年のワークキャンプにおける役割	当時の学年	性別	初参加時期[1]	これまでの夏 wc における役割経験
参加者 A	初参加者	高校 2 年生	男	2018年 8 月	—
参加者 B	初参加者	高校 3 年生	女	2018年 8 月	—
参加者 C	スタッフ	社会人	男	2016年 1 月	初参加者
参加者 D	スタッフ	大学 4 年生	女	2015年12月	初参加者・ディレクター
参加者 E	ディレクター	大学 2 年生	女	2017年 1 月	— [2]
参加者 F	ディレクター[3]	大学 1 年生	男	2016年 8 月	初参加者・スタッフ
参加者 G	サブディレクター	修士 1 年	女	2015年 8 月	初参加者・ディレクター
参加者 H	サブディレクター	社会人	男	2011年 6 月	初参加者・スタッフ・ディレクター

注：(1)　ここでの「初参加時期」は，邑久光明園における活動に初めて参加した時期を表している。
　　(2)　参加者 E は，夏のワークキャンプ初参加であったが，邑久光明園における 2 泊 3 日のプログラムなどには参加しており，また，他団体でスタッフなどを経験していた。
　　(3)　参加者 F は，当初，ディレクターを行う予定であったが，体調不良のため事前準備ミーティングにほとんど参加できていない状態での参加となった。

4-2. 筆者自身の立ち位置について

　筆者は，邑久光明園におけるワークキャンプに2011年（大学 1 年生時）から参加しており，同時期に，東日本大震災の被災地でのワークキャンプや他の団体のワークキャンプにも参加してきた。そして，それぞれのワークキャンプにおいて，一般参加者，スタッフ，ディレクターといった複数の役割を経験してきた。2018年時，筆者は，ディレクターをサポートする役割であるサブディレクターの一人としてワークキャンプに参加していた。今回の調査協力者とは，このワークキャンプ以前より，様々なボランティア活動をともにし，信頼関係がとれている状態にあった。

4-3. 調査方法

　活動中の参与観察およびインフォーマル・ヒアリングを踏まえて，インタビュー調査を行った。それぞれの調査協力者に 1 ， 2 回ずつ約 2 時間，2020年10〜12月に半構造化面接の方法を用いた。具体的な方法としては，簡単な趣旨

説明の後，2018年のワークキャンプの活動写真および「スタートシート」「ふりかえりシート」「総ふりかえりシート」に記載された内容を振り返りながら，1日ごとに「印象に残っていること」および「わからなさ，迷い，疑問，葛藤を感じたこと」について，聞き取りを行った。加えて，このワークキャンプの前後に参加したワークキャンプやその他の活動についても聞き取りを行った。なお，新型コロナウイルス感染予防のため一部のインタビューはオンラインで実施した。

4-4. 分析方法

ワークキャンプにおける参与観察および参加者へのインタビュー調査で言及された「印象に残っていること」を整理し，そこから25個のエピソードを作成した。エピソードの一覧を表4-2に示す。本章では，表4-2に示したエピソードの記述を通して，ワークキャンプで生じている学びの契機とその様相（参加者の印象に残った場面）の描出を試みる。なお，エピソードの分析にあたっては，

表4-2　2018年ワークキャンプにおけるエピソード一覧

ワークキャンプ序盤	ワークキャンプ中盤	ワークキャンプ終盤
1日目	3日目	6日目
1．開始前の不安と緊張	12．昼食交流会	21．ボランティア観の問い直し
2．初めての海岸清掃	13．途中参加者の合流	22．最後の海岸清掃
3．海岸清掃中の事故	14．支え合う経験	23．メンバー間の関係変容
4．リフレクションの難しさ	15．参加者からの意見	24．ラストナイトリフレクション
2日目	4日目	7日目
5．この場所でワークをする意味	16．ベテランメンバーとの対話	25．最終リフレクション
6．しのびづか公園の解説	17．ワークに関するリフレクション	
7．慣れと楽しさ	18．ディレクターズの衝突と葛藤	
8．流木との格闘	5日目	
9．子どもとの関わり	19．リーダーとしての成長の問い直し	
10．ディレクターの役割	20．海岸清掃の追い込み	
11．ディレクターの抱える不安		

第Ⅱ部　実践分析

参加者43名の「スタートシート」「ふりかえりシート」「総ふりかえりシート」
の内容も併せて参照した。

4-5. 倫理的配慮

　本調査は，神戸大学大学院人間発達環境学研究科の研究倫理審査委員会の審
査を受けた後に実施した（受付番号：478）。調査協力者には，事前に研究目的
およびインタビュー調査の概要について説明し，承諾を得た。また，インタ
ビュー当日にも，改めて，調査への参加が任意であり，参加に同意しない場合
あるいは参加後に同意を撤回した場合にも不利益な取り扱いを受けないこと，
個人情報の取り扱いおよび研究成果の公表の仕方についても説明書を用いて確
認した。また，「ふりかえりシート」等の研究への使用については，ワークキャ
ンプのプログラム内において参加者全員に説明を行い，同意を得ている。

第2節　エピソードに内在する学びの契機と様態

1. ワークキャンプ序盤における学びの契機と様態

1-1. 開始前の不安と緊張

　ワークキャンプ初日，大きな荷物を抱えた高校生たちが神戸大学大学院人間
発達環境学研究科前のバス停で降り，正門へと歩いてきた。受付会場であるD-
room（キャンパス内に設置されたラーニング・コモンズ）で準備を整えたスタッフ
が高校生たちを温かく出迎えていく。会場入りした高校生たちは，受付で参加
費を支払い，スタッフの学生から荷物置き場と名札づくりについての案内を受
ける。名札は養生テープにマジックで名前を書くだけの簡易なものであり，ま
だキャンプネーム（ニックネーム）が決まっていない参加者は，さしあたり，
そこに本名を記入していく。参加者が集まってきたところで，ディレクターが
その場にいる参加者全員に声掛けを行い，テーブルの上に平積みされた未製本
のしおりを冊子になるように綴じていく。ワークキャンプはこのような共同作

96

第4章　ワークキャンプにおける学びの契機と様態

図4-7　しおりを手に取る参加者の様子　　図4-8　司会進行を務めるディレクターの様子

業からスタートする。高校生同士，既に知り合いの参加者もいるようで，少しずつ会話が生まれ始め，また，あちらこちらで久しぶりの再会を喜ぶ声も聞こえる。しかし，ディレクターの2名は緊張を隠せない様子であり，D-roomはワークキャンプ直前の高揚感と緊張感に覆われていた。

　ワークキャンプ開始時の参加者の様子を図4-7および図4-8に示す。D-roomには24名のメンバーが集まった。このうち，初参加の高校生は10名であり，初めて訪れる神戸大学，初めて出会う大学生に戸惑い，緊張している様子であった。インタビューに応じてくれた参加者Aは，「年齢層がすごい幅広かったのがまず一番驚きました」と述べていた。また，参加者Bは，「初めての参加でめちゃくちゃ緊張して，がちがちやったっていう記憶です」と述べていた。高校生にとっては，あらゆる物事が非日常的な体験となっていたようだ。

1-2. 初めての海岸清掃

　2018年ワークキャンプの邑久光明園における最初のワークは二つ岩海岸の清掃であった。二つ岩海岸は，かつて邑久光明園と長島愛生園の共同の火葬場であった「しのびづか公園」の向かいに位置する海岸である。また，海岸の面積がそこまで広くないこともあり，WILLのワークキャンプでは，清掃が初日に

第Ⅱ部　実践分析

図4-9　二つ岩海岸で流木を運ぶ様子　　図4-10　大きな流木を持ち上げる様子

取り組まれることが多い。このワークキャンプでは，初参加者が多く，まずは集団としての動きの「型」をつくっていくという目的から，最初から各自がバラバラに細かいゴミを拾うのではなく，声を掛け合いながら比較的大きな木を拾い上げていくという方式がとられた。ディレクターはもちろんのこと，筆者を含むサブディレクターや他のスタッフなど，ワークキャンプに複数回参加したことのあるメンバーが率先して「次はあの木を一緒に運ぼう」といった声掛けをしていた。この時点では，全体的に動きがぎこちなく，何をすればよいのかわからず戸惑っている参加者も多い状況であった。

　初日の二つ岩海岸でのワークの様子を図4-9および図4-10に示す。ワークキャンプを運営する側の意図としては，海岸清掃を通して，一人でもできることを複数人で行うというワークキャンプの醍醐味を参加者に体感的に摑んでもらいたいと考えている。実際には，「全員で何かをするってことをあんまり経験してこなかったので，そういう意味ですごく直感的に楽しかった」と参加者Aが述べていたように，共同作業に楽しさを見出すメンバーがいる一方，他方では，「こんだけ人がおるのに，私はいるんやろか」と参加者Bが述べていたように，どうしてこのような方法をとるのかという疑問をもつメンバーもいる。ワークキャンプでは，このような活動中の疑問を起点として，活動の意味について参加者が考え始め，さらに，「ボランティアとは何か」といった問い

についても，考えるきっかけとなることが期待される。

1-3. 海岸清掃中の事故

　二つ岩海岸の清掃中，ひときわ大きな流木をみんなで運ぼうという話になった。その流木は，湾曲した根のような部分が突き出た形状をしており，どのようにすれば運ぶことができるか，参加者全員で試行錯誤を行った。筆者を含む４，５名のメンバーが木の重心部分を受け持ち，他のメンバーも枝の部分をもつなどして，なんとかして流木を持ち上げることができた。しかし，運び出そうとしたところで，どうしても重さに耐えきれず，一度，流木を地面に下ろすことになった。注意喚起の掛け声とともに，流木を地面に下ろしたのであるが，たまたま流木の湾曲した根の部分が，少し離れた位置にいた高校生メンバーの腰部に当たるという事故が起きてしまった。

　筆者が参加したプログラムの中で，高校生が怪我をしてしまうのは初めての経験であった。そのメンバーは，その後，他のメンバーとの食事や入居者との交流会では一緒に活動できたのであるが，ワークには参加することはできず，結局，４日目の朝に自宅へ帰ることとなってしまった。翌年，2019年のワークキャンプには全日程で参加することができたのであるが，2018年のワークキャンプでこのような事故が起きてしまったことは大きな反省点であった。この事故が初日に起きたことにより，ワークキャンプ中の怪我の防止について，他のメンバーからも様々な意見が出されるようになった。ワークキャンプ参加者一人一人が，怪我を防止するという緊張感をもつことの大切さが改めて確認される機会となった。

1-4. リフレクションの難しさ

　2018年のワークキャンプでは，筆者がリフレクションの司会進行を行った。初日のリフレクションでは，「ふりかえりシート」の趣旨説明の後，まずは15分ほど時間をとり，個人作業として，１日の気づきや印象に残ったことをシー

トに記入する時間をとった。WILLのワークキャンプでは，あらゆる人々が参加できるインクルーシブな集団をどのようにつくっていくのか，ということが大きなテーマとされている。このワークキャンプにおいても，文字を書くことに苦手意識をもつメンバーや，緊張感のある空間が苦手なメンバーが数名参加していた。この日のリフレクションにおいて，一人のメンバーがその場のしんとした空気に耐えきれず，部屋から出ていってしまうということが起きた。筆者はどうすればよいか迷った結果，他のメンバーにその対応を任せ，リフレクションを続行した。

　結果的にリフレクションは滞りなく進行できたのであるが，あの場でリフレクションを続けることが正しい選択だったのか，一度，中断して休憩時間をとった方がよかったのではないかなど，筆者自身，反省点の残るリフレクションとなった。この翌日の「ふりかえりシート」において，筆者は，「自分に途中でワークショップを変えられる余裕があれば」というコメントを残している。ワークショップの方法を途中で変えることも含め，こうした機会をきっかけとして，筆者を含む参加者全員が「インクルーシブな集団とは，一体どのような集団なのか」ということを考えるきっかけとなるような進行ができなかったことが悔やまれる。なお，2019年以降のワークキャンプでは，こうしたリフレクションの型自体が見直され，様々な方法が試行されているところである。初日のスタートプログラムにおけるシートへの記入の様子を図4-11に，毎晩のリフレクションの様子を図4-12に示す。

1-5. この場所でワークをする意味

　ワークキャンプ2日目の園内清掃では，入居者の遺骨が納められている納骨堂の周りの草取りを行った（図4-13）。初めにディレクターが納骨堂に関する解説を行い，メンバーが思い思いにお参りを行った後，ワークに取り組んだ。このワークキャンプでは，朝6〜7時までを朝ワークの時間としていたため，朝の静けさの中で草取りが行われていた。ワークキャンプも2日目に入り，少

第4章　ワークキャンプにおける学びの契機と様態

図4-11　スタートシートに記入する様子　　図4-12　毎晩のリフレクションの様子

図4-13　納骨堂周りの草取りの様子

しずつであるが，初参加のメンバーにも慣れが生じているようであった。当時，高校3年生であった参加者Bは，他のメンバーと談笑しながら，楽しそうにワークに取り組んでいた。こうした中，ベテランメンバーから，参加者Bへ，この納骨堂には家族の元に帰ることができない多数の遺骨が納められていること，そして，こうした場所でワークをする意味について考えながら作業してほしいという話がなされた。

　事後インタビューにおいて，参加者Bは，このベテランメンバーの言葉が，この場所でワークをする意味について考えるきっかけとなったと述べていた。邑久光明園には，納骨堂をはじめ，ハンセン病問題について考えるきっかけと

101

第Ⅱ部　実践分析

なりうる場所が複数ある。ある高校生メンバーは，この日の「ふりかえりシート」において，「ハンセン病についてみんなが知るべきだと思う」という言葉を残していたが，このような場所を訪れることを通して，すべての参加者がハンセン病問題に関するわがこと意識を高めていけるわけではない。ワークキャンプへの複数回の参加を通して，ハンセン病問題に関する知識や関心を高めてきたメンバーとの相互作用が，初参加者にとっては重要な意義をもちうると考えられる。

1-6. しのびづか公園の解説

　ワークキャンプ2日目の午前は，1日目に引き続き，二つ岩海岸の清掃を行った。この日は土曜日だったこともあり，社会人メンバーを中心に10名のメンバー（大学生1名，社会人6名，中学生以下3名）が合流した。メンバーが多数合流したこともあり，ワークの休憩時間に「しのびづか公園」の解説が行われることになった。「しのびづか公園」は，かつて，邑久光明園と長島愛生園の共同の火葬場があった場所であり，長島で亡くなった入居者の残骨が納められている。また，「胎児等慰霊之碑」が建立されている場所でもある。「胎児等慰霊之碑」は，当時のハンセン病患者に対する反人権的な堕胎政策および調査研究のために，ホルマリン漬けの状態で保存されていた胎児等の鎮魂を目的として建立された慰霊碑である。「しのびづか公園」は，このような複数の意味が込められた場所であるため，解説時には，ワークキャンプに複数回参加しているメンバーが言葉を重ねながら解説をしていくことが多い。2018年のワークキャンプでもそうした方法で解説が行われた。

　「しのびづか公園」は「納骨堂」と同様に，この島がどういう場所なのかを考えるきっかけとなりうる場所の一つである。こうした場所を訪れることは，初参加者はもちろんのこと，複数回参加者にとっても，この島を訪れる意味を考える上で重要な機会となっているようである。例えば，かつてディレクターを務めたこともある社会人メンバーは，この日の「ふりかえりシート」に，「上

手く言葉がでてこなさすぎてびっくり，つらかった」という言葉を残している。ワークキャンプからしばらく離れた社会人にとっても，こうした場所を訪れることは，改めて，この島の意味，そして自身の生き方を考えるきっかけとなるようだ。

1-7. 慣れと楽しさ

　ワークキャンプ2日目の二つ岩海岸の清掃は，人数が一気に増えたこともあり，勢いよく進められていった。1日目に大きなゴミを撤去していたこともあり，2日目の作業は残りのゴミを集めて拾うというわかりやすい作業目標であった。作業をする中で，熊手を使ってゴミを集める者，集められたゴミを袋に入れていく者，缶・ビン・ペットボトルなどのゴミを集める者など，自然と役割が分担されながら，ワークが進められていった。

　二つ岩海岸での2日目のワークの様子を図4-14および図4-15に示す。経験豊かな社会人メンバーの参加が増えたことも影響していると考えられるが，2日目の海岸清掃では，それぞれのメンバーが，集団の中での自分なりの動きを見出しつつある様子であった。参加者Bは，1日目の海岸清掃と2日目の海岸清掃を比較して，以下のように述べていた。

　参加者B：1日目のワークがあったんですけど，それはなんか作業が決めら

図4-14　自然ゴミを熊手で集める様子

図4-15　ゴミをポリ袋に詰めている様子

第Ⅱ部　実践分析

　　　　れていた感じがあって，次はちっちゃいゴミからとか，大きいゴ
　　　　ミからとか，あれはこうしてこうしてこうして，みたいな感じで，
　　　　初日なんで自分から動くことはなかったんですけど，2日目から
　　　　プログラム全体っていうか，1日のプログラムの流れがちょっと
　　　　わかって，こういう感じかぁ，みたいな感じで1日過ごして，で，
　　　　自分の立ち位置みたいなものを実感しだした。

　参加者Bが述べていたように，ワークキャンプでは，徐々に活動に慣れて
いく中で，自分自身の動きについて考え，主体的に活動に参加していくといっ
たプロセスが生じうる。こうした参加のプロセスの中で，参加者は学びを生み
出していくということであろう。

1-8. 流木との格闘

　二つ岩海岸の清掃の目処がつきはじめたところで，筆者を含め3名のメン
バーで1日目に撤去した流木の切断作業に取り組むことになった。普段であれ
ば，流木は大人数で担ぐか，リアカーに乗せて所定のゴミ捨て場まで運ぶので
あるが，その流木はあまりにも長かったため，半分に切断することになった。
切断には小型のチェーンソーを使う予定であったが，チェーンソーの調子が悪
かったため，ノコギリで切れないかと試行錯誤することになった。3名で交代
しながら，全力でノコギリを引くのであるが，その流木はかなり堅く，結局，
二つ岩海岸の清掃時間内には作業を終えることができなかった。筆者は，この
ワークの担当を任されていたのであったが，うまくチェーンソーが始動しな
かったことが申し訳なく，前日にチェックをしておけばよかったと反省点の残
るワークとなった。
　この流木の切断作業は，筆者にとっては反省すべき点として印象に残ってい
るのであるが，他のメンバーはまた異なる観点からこの場面を捉えていたよう
である。例えば，一緒に作業を行った高校生メンバーは，「ふりかえりシート」

104

において，この日の印象に残っていることとして，「大きな流木を運べるように努力したこと」をあげ，「切断できず心残り」という感想を残していた。また，ワークキャンプ経験の長い参加者は，「どういう経緯でチェーンソーを使用することになったのか」という疑問を呈していた。ワークキャンプは，肉体労働を中心としたボランティア活動であり，先ほども述べたように，一人でもできることを複数人で行うということに価値を見出している。こうした意味において，電動工具や重機の使用については慎重に検討してきた。また，SD（Sustainable Development）の観点からも，どのようなワークの手法が求められるのか，模索しながら活動を進めている。

1-9. 子どもとの関わり

　ワークキャンプ 2 日目の午後のワークは，2009年から整備を進める「つどいの広場」の草刈りであった。この日は午前中に海岸清掃を行ったこともあり，多くのメンバーに疲れが溜まっていた。唯一，社会人メンバーが連れてきた子どもたち（小学 1 年生，保育園年中，未就園児の 3 名）だけは元気がありあまっており，「つどいの広場」を駆け回り，虫取りなどをして遊んでいた。そんな中，高校生メンバーの一人が子どもたちに積極的に関わり，遊び相手となってくれた。休憩時間のたびに，子どもたちから抱っこや肩車をせがまれ，それに快く応じていた。しかし，休憩時間にもかかわらず休みをとらないメンバーに，他のメンバーは心配していた。ある休憩時間に，一人の子どもが，自分が採ったカマキリを持って，そのメンバーを追いかけていた。他のメンバーは，遊んであげているのだと思って見守っていたのだが，その高校生は本当に虫が苦手だったようで，しばらくの間ダウンしてしまった。

　筆者と同じくサブディレクターの一人としてこのワークキャンプに参加していた参加者 G は，この場面を振り返り，以下のように述べていた。

　参加者 G：周りの皆さん，自分も含めて何か言いたいんですけど，言いづら

第Ⅱ部　実践分析

いっていうか，どう言ったらいいのかわからなかったです。自由に遊ばせるのもいいことですし，でもちょっとその限度が超えてるなと思って。

ワークキャンプでは，キャンプネームを互いにつけ合うという行為を含め，しんどい時にしんどいと言えるような対等な関係性をつくっていくことが大切にされている。しかし，本当にしんどい時には，助けを求めることができない場合もある。大丈夫だろうと放っておくのではなく，メンバーを慮って行動することの大切さに気づかされる場面となった。

1-10. ディレクターの役割

2018年のワークキャンプにおける組織体制として，ディレクター 2 名，サブディレクター 4 名からなるディレクターズ・コミュニティが，ワークキャンプ全体の方針決定などの中心的な役割を担っていたが，海岸清掃などの各アクティビティにおける方針決定や司会進行についてはディレクターの 2 名が担っていた。そのため，ディレクターの 2 名は，ワーク中や休憩時間中にも常に相談し合いながら，次の動きについて考えていた。

ワークキャンプ中のディレクターの動きを図 4 -16および図 4 -17に示す。他のメンバーにはしっかりと休憩をとるように促しながらも，他のメンバーが休憩をとっている間に，ディレクターが話し合いをしている姿は，特に，初参加者にとって印象的だったようである。参加者 A，B は，インタビューにおいて，以下のように述べていた。

参加者 A：自分たちには結構気を遣ってくれていたんですけど，ディレクターの 2 人は，休憩の時間とかに結構，話し合いをしていて，その時に，ちゃんと休んでるんかなぁって思っていました。

第4章　ワークキャンプにおける学びの契機と様態

図4-16　休憩時に相談を行うディレクターの様子　　図4-17　メンバーへ指示を出すディレクターの様子

参加者B：多分，この時，ディレクターの2人は，僕の2つ，3つ上ぐらい。自分と歳の変わらない人が，これだけ多くの人の前でリーダーシップを発揮しているっていうのは，やっぱり印象に残りました。

　ディレクターの動きは，ワークキャンプ全体の動きや雰囲気を形作るとともに，参加者の関心を集め，時には，高校生メンバーの憧れとなることもあるようだ。こうしたメンバー間の相互作用が，ワークキャンプにおける学びの契機になるということであろう。

1-11．ディレクターの抱える不安
　ワークキャンプ2日目の夜も，ワークキャンプ1日目と同様の形式で筆者がリフレクションを担当した。この日のリフレクションは，特に問題なく進行したのであるが，リフレクションを終えた後，ディレクターの一人の表情が優れなかった。筆者を含めた何名かのメンバーが声を掛けたものの，その理由ははっきりとはわからなかった。翌日の入居者との交流会がうまくいくのかが不安なのだろうかと思い，1日のプログラムを終えた後のディレクターズ・ミーティングでは，次の日の交流会について重点的に話し合いが行われた。
　当時，ディレクターを務めていた参加者Eへのインタビューの際に，この

第Ⅱ部　実践分析

時のことを聞いてみると，次の日の交流会のことで頭がいっぱいになり，その日のリフレクションにおけるファシリテーション・グラフィックがうまくいかなかったことで，他のメンバーに対して申し訳ない気持ちになっていた，とのことであった。また，この日，もう一人のディレクターが記入していた「ふりかえりシート」には，「ディレクションをしないといけなくて，みんなのことを見れてない。もっと自分の声でみんなを励ましたいのに」という記述もあった。メンバーの前に立ち，集団を引っ張っていく姿の裏で，ディレクターは様々な葛藤を抱えている。こうした葛藤も，ワークキャンプにおける重要な学びの契機といえよう。

2．ワークキャンプ中盤における学びの契機と様態

2-1．昼食交流会

　ワークキャンプ3日目には邑久光明園の入居者との交流会を行った。恩師会館という施設で，約2時間，手作りカレーの提供を含めた交流会を行った。園内放送などで案内を行い，最終的には，入居者4名，園の職員1名，ハンセン病療養所世界遺産登録推進協議会の職員1名，ワークキャンプ参加者33名を交えた交流会となった。司会進行はディレクターが務め，出し物として，メンバー有志によるソーラン節が披露された。会場には4つのテーブルを設営し，それぞれのテーブルごとに交流を楽しんだ。各テーブルでは，ワークキャンプに複数回参加してきたメンバーが中心となり，それぞれの自己紹介や出身地，趣味などについて，また，邑久光明園の歴史や将来についてなど，話が弾んだ。昼食交流会での参加者の様子を図4-18および図4-19に示す。

　ワークキャンプでは，様々な形式で入居者との交流の機会をつくってきた。その形式としては，居室訪問，クラブ活動体験，交流会などがある。今回のような交流会の形式では初参加者が会話に参加しづらいという課題がある。例えば，参加者Bは，「邑久光明園に関わる人たちにどれだけ話を聞いていいんやろう，どこまで聞いていいんやろうっていうのを思いながら，聞いたらあかん

第4章 ワークキャンプにおける学びの契機と様態

図4-18 カレーをよそう参加者の様子　　図4-19 ソーラン節を披露する参加者の様子

ことまで聞きそうな気がして怖かったです」と述べていた。さらに，参加者Aは，交流会を通して，「お話聞いていると，やっぱり聞いただけではあかんなぁと。じゃあ僕はどうやってこの島に，この人らに恩返しすればいいんかなぁ」と，当時の思いについて述べていた。筆者自身，初めて邑久光明園を訪れた際には，どうして見ず知らずの自分にここまで話をしてくれるのか，という驚きを感じたことを覚えている。こうした入居者との交流の機会は，自分自身のボランティアとしての関わり方を見直す機会にもなるということであろう。

2-2. 途中参加者の合流

ワークキャンプ3日目が月曜日だったこともあり，ワークキャンプ2日目から3日目が最もメンバーの入れ替わりが大きい期間となった。ワークキャンプ2日目の夜に12名のメンバーがワークキャンプから去り，3日目には新たに3名の大学生メンバーを迎えてワークが行われた。ワークキャンプ中盤に合流した3名のメンバーは，普段，WILLにあまり関わりがなく，また，体力的にも，彼らにとってはワーク初日ということもあり，集団の中で存在感を放っていた。初日から参加しているメンバーも，ずいぶんとワークキャンプに慣れてきており，途中参加者とすぐに打ち解けていたことが印象的であった。

途中参加の3名のメンバーは，それぞれWILLの活動ではなく，他の団体

第Ⅱ部　実践分析

での活動をメインにしていた。特に，そのうちの一人は，フィリピンとのフェアトレードを行う団体で活動を行っており，参加者Aは，このメンバーから，そうした活動の話を聞くことで，大きな刺激を受けたとのことであった。また，他のメンバーの「ふりかえりシート」にも，この日の印象に残っているメンバーとして，途中参加者の名前が複数あげられていた。ワークキャンプにおける途中抜け，途中入りは，集団における雰囲気づくりの面では対応が難しい側面もあるが，このように，他団体で活動をするメンバーが合流することによって，新たな学びの契機が生まれることもある。

2-3. 支え合う経験

　ワークキャンプ3日目の午後のワークは，藪池と呼ばれる海岸の清掃であった。炎天下での活動中，高校生メンバーの一人が鼻血を出してしまった。すぐに周りのメンバーが異変に気づき，水分，保冷剤，遮光ネットなどを準備し，その高校生メンバーがいる場所の付近に簡易休憩所を設営し，応急処置にあたった。幸いにも，その高校生は少し休憩すれば動けるようになり，しばらく経ってからワークに合流することができた。その高校生はみんなに支えてもらったことに感動し，その後の活動への意欲が高まったようであった。

　ワークキャンプでは，慣れない活動をすることで，体調を崩すメンバーもいる。ある高校生メンバーが「スタートシート」の目標の欄に「体調を崩さないこと」と記入していたように，初めは，体調を崩すと周りのメンバーに迷惑をかけてしまうのではないか，という考えを持ちながらワークキャンプに参加しているメンバーも多い。しかし，前述した通り，WILLのワークキャンプでは，インクルーシブな集団づくりを大きな目標としている。体力に自信のないメンバーや，身体に障害のあるメンバーであっても，メンバー同士の支え合いの中でともに活動ができる集団づくりが目指されている。あらゆるメンバーが自分の限界までワークに取り組むことができ，そうしたワークを通して，自分なりの学びや成長を摑んでいくことができるプログラムづくり，集団づくりが求め

110

られている。体力に自信のあるメンバーもいれば，自信のないメンバーもいるといった多様性の中で，様々な学びの契機が生まれてくるということであろう。

2-4. 参加者からの意見

2018年のワークキャンプでは，ディレクターが初参加メンバーにこまめに意見を聞いている姿が印象的であった。ディレクターから，休憩時間やワークの隙間時間に，参加者に声を掛けていくことで，徐々に，初参加者からも意見を出してくれる関係が築かれていた。具体的には，昼食交流会へ向けてソーラン節を練習している場面において，高校生メンバーから，もっとこうしたらよいのではないかといったアイデアが出されたり，また，ある高校生メンバーは，ワークの隙間時間において，救急セットの中身について，もっとこういうものがあったほうがよいのではないかという意見をディレクターに伝えていた。

ワークキャンプでは，ワークに参加するだけではなく，その運営に関わっていくことが，そこでの学びの特徴とされてきた（安原，1971, p.47）。このワークキャンプでは，3日目あたりから，参加者が積極的にプログラムの中身に関わり始める様子が見受けられた。例えば，ディレクターであった参加者 E は当時の様子について，以下のように述べていた。

参加者 E：高校生たちがこのあたりから，ディレクターに対して，こういうふうにしたらどうですかって意見をしてくれたり，ソーラン節を先頭を切ってやってくれた子とかもいて。それが，自分を解放しているようで，そういうのが見れてうれしかった。

このようにして，ワークキャンプでは，あらゆるメンバーがプログラムに意見することができ，また同時に，あらゆるメンバーが学習者でもあるといった関係が形成されていく。これは，ワークキャンプのメンバー間における互恵的な関係構築のプロセスといえよう。

第Ⅱ部　実践分析

2-5.　ベテランメンバーとの対話

　ワークキャンプ4日目には木尾湾の海岸清掃を行った。これまでのワークにおいて，メンバー同士，気軽に話せるような関係が作られており，また，入居者との交流会を無事に実施できたという安堵感もあり，比較的ゆったりした雰囲気の中でワークが行われていた。木尾湾は，1962年まで入居者の学び舎として使用されていた「邑久光明園旧裳掛小・中学校第三分校」の前に位置する湾である。「邑久光明園旧裳掛小・中学校第三分校」から見て，湾の右手には「患者桟橋」，左手には「職員桟橋」という桟橋があり，邑久長島大橋が架橋される前までは邑久光明園の入口として，この桟橋が使用されていた。木尾湾のワークでは，「邑久光明園旧裳掛小・中学校第三分校」の前にある大きな桜の木陰を利用して休憩所を設営し，「患者桟橋」側と「職員桟橋」側の二手に分かれて海岸清掃を行う。二手に分かれることによって集団の規模が小さくなり，より相互交流が生まれやすい状況になったことから，それぞれの集団ごとの休憩時間には，様々なテーマをめぐって会話が生まれていた。

　この日の高校生メンバーの「ふりかえりシート」には，「みんなで盛り上がって一致団結した感じがした」「日を重ねるごとに緊張がほぐれていった」というコメントが記載されていた。また，参加者Aは，インタビューの中で，この日に印象に残ったこととして，ベテランメンバーとしっかり話ができたことをあげていた。ワークの休憩時間中に，あるベテランメンバーから，「将来は何がしたいの？」ということを問われ，改めて，自分の生き方について考える機会になったという。ワークキャンプでは親密な関係が形成されることによって，普段ではあまり話さないようなテーマをめぐっての対話が生まれることもある。こうした点もワークキャンプにおける学びの特徴といえよう。

2-6.　ワークに関するリフレクション

　ワークキャンプ4日目のリフレクションでは，ワークキャンプ5日目以降の碁石海岸の清掃の進め方をテーマとしたリフレクションが行われた。メンバー

が4，5名ずつのグループに分かれ，これまでの海岸清掃のやり方を踏まえた上で，話し合いを行い，それぞれのグループごとに話し合われた内容を全体で共有した。この場面では，初参加者，複数回参加者が分け隔てなく，様々な意見を出している点が印象的であった。

ワークに関するリフレクションの様子を図4-20に示す。参加者Aは，このリフレクションにおいて，メンバーの前で発表を行ったことが印象に残っているとして，「この時，だんだんと緊張もほぐれてきて，自分自身も身体も動けるようになってきて，その中で，このミーティングですごく発言することができたような気がしました」と述べていた。

しかし，参加者Aのようにワークキャンプ全体の雰囲気の盛り上がりに同期するメンバーがいる一方，他方では，そうした雰囲気に戸惑いを覚える参加者もいたようである。参加者Bは，「ふりかえりシート」に「発言はよいけどトゲが出ないようにしないと」という言葉を残していた。参加者Bは，この時のことを振り返り，以下のように述べていた。

参加者B：このあたりから結構いろんな人が意見し出して，それで，自分も意見を求められるようになってきた頃に，私は，前からなんです

図4-20　ワークに関するリフレクションの様子

第Ⅱ部　実践分析

けど，言葉にするのが難しいっていうか苦手で，なので，ちょっと自分に言い聞かせる，みたいな感じで書いたんだと思います。

　ワークキャンプに参加しているメンバーは多様であり，それぞれの得意不得意も異なれば，他者との関係構築のスタイルも様々である。ワークキャンプでは，このような多様なメンバーが共同生活をすることを通して，様々な迷いや葛藤が生じる。こうした迷いや葛藤がワークキャンプにおける学びの契機となるのだろう。

2–7.　ディレクターズの衝突と葛藤

　ワークキャンプ4日目のディレクターズ・ミーティングには，筆者を含めディレクター2名，サブディレクター4名，スタッフ1名が参加した。ディレクターの一人は，夕食後あたりから口数が減り，どこか思い詰めている様子であった。ディレクターズ・ミーティングが始まってからも，しばらく発言がなく，筆者らが「どうしたん？」と声を掛けても反応がない状態であった。そうした中，そのディレクターから「もうできません」という言葉が発せられた。話を聞くと，ディレクターからの指示出しの場面などで，筆者らが言葉を重ねてくれないことに不満を感じていたとのことであった。筆者自身，ディレクターの言葉が全体に行き渡るよう，なるべくディレクターが発言をした際には言葉を重ねていたつもりであったが，そのディレクターの視点から見ると，うまくいっていなかったようだった。これまでのワークキャンプの中で，ディレクターから直接このような指摘を受けることは初めてだったため，筆者自身，ディレクターへの関わり方を見直すきっかけとなる場面となった。

　このディレクターの「もうできません」という発言の裏には，様々な思いが込められていたのだと考えられるが，プログラムの中で迷いや葛藤を経験するのは，初参加者だけではないということである。もう一人のディレクターであった参加者Eは，当時を振り返り，衝突や葛藤を避ける傾向が多い中で，ディ

114

第4章　ワークキャンプにおける学びの契機と様態

レクターズ・コミュニティ内であのような問題提起があったことには意味が
あったのではないか，と述べていた。ワークキャンプでは，迷いや葛藤を安心
して表出できる場面，集団づくりが求められているということであろう。

3．ワークキャンプ終盤における学びの契機と様態

3-1．リーダーとしての成長の問い直し

　ワークキャンプ5日目の園内清掃は「中野婦長殉職碑」の周囲の草取りであっ
た。この碑は，邑久光明園の前身である外島保養院が，1934年の室戸台風によっ
て壊滅的な水害に見舞われた際，命を賭して入居者を救った中野鹿尾看護婦長
の殉職碑として建立されたものである。メンバー全員でワークに取り組んでい
たところ，途中で飲料水が足りなくなったため，ワークキャンプの中で飲料水
の準備を自発的に担っていた参加者Fが中心となり，他のメンバーとともに
宿舎まで飲料水を取りに戻ることになった。参加者Fは，他のメンバーに対
して，「飲料水は重いため男性数名のお手伝いをお願いします」という呼び掛
けを行った。すぐさま数名のメンバーから，男性に限定しなくてもよいのでは
ないか，という意見が発せられた。参加者Fは，はっと気づいたような表情
を浮かべ，改めて男女関係なく手伝える人を募ることとなった。

　参加者Fは当時のことを振り返り，以下のように述べた。

　　参加者F：発言した瞬間に自分でも「あっ」と思ったんですけど，それを指
　　　　　　摘してくれた人がいて，より強く反省しました。「ぽらばん（WILL
　　　　　　の前身の名称）」でのいろいろなワークキャンプとかに参加させて
　　　　　　もらって，（リーダーシップに関する）いろいろな理想をもったり
　　　　　　とか，すごい自分が変わったなと思っていたんです。でも，その
　　　　　　水の件があって，その時に，自分は本当に変わりきれているのか，
　　　　　　なんちゃって（リーダー）なんじゃないかという疑問をもった。（括
　　　　　　弧内筆者）

115

第Ⅱ部　実践分析

　参加者 F は，自分自身のこれまでの成長と理想的なリーダー像に関する迷いや葛藤を経験したようである。ここでの〈ゆらぎ〉については，第 6 章で改めて考察を行う。

3-2.　海岸清掃の追い込み

　ワークキャンプ 5 日目は，午前，午後を通して碁石海岸の清掃を行った。碁石海岸は，邑久光明園の中で最も広い海岸である。2018年のワークキャンプでは，5 日目と 6 日目の丸 2 日間をかけて碁石海岸の清掃に取り組んだ。前日のリフレクションで立てた作戦通り，熊手を使ってゴミを集める者と，それをポリ袋に詰める者からなる 2，3 名のチームでワークに取り組み，最後に，海岸に残ったポリ袋をバケツリレー方式で一気に回収していくという方式がとられた。2018年のワークキャンプでは，最終日のプログラムにワークが組み込まれていなかったこともあり，あと 2 日で全力を出し切ろうという雰囲気の中でのワークであった。途中，足場の悪い海岸で作業を続けたことにより腰が痛くなってしまった高校生メンバーが，休憩時間になるとブルーシートの上に倒れ込むようにして休みながらも，ワークが再開するとまた全力で取り組んでいる姿が印象的であった。

　碁石海岸でのワークの様子を図 4 -21および図 4 -22に示す。この日のワークでは，これまでどちらかといえば受け身であった参加者も，積極的にワークに取り組んでいた。参加者 B は，当時を振り返り，以下のように述べた。

　　参加者 B：本当に疲れている人とまだちょっと頑張れるぞっていう人が二極
　　　　　　　化してきて，自分はまだもうちょっといけるなぁっていう方だっ
　　　　　　　たんで，自分で動けるようになろう，みたいな意識も出てきて。
　　　　　　　ちょっと疲れてる，休んでる人たちの分も頑張ろう，みたいな。

　ワークキャンプでは，時折，自分の限界を超えて動ける瞬間がある。こうし

116

第4章　ワークキャンプにおける学びの契機と様態

図4-21　碁石海岸に集められたゴミ　　図4-22　バケツリレーでゴミを運搬する様子

た経験を通して，参加者は，自身の変化や成長の手応えを感じていくようである。このような経験を生み出すきっかけとして，ともに活動に取り組むメンバーの存在が大きな意味をもつのだろう。

3-3. ボランティア観の問い直し

　ワークキャンプ6日目の朝ワークでは，複数のグループに分かれて入居者の畑作業の手伝いを行った。作業後，いくつかのグループでは入居者から差し入れをもらった。宿舎に戻った後，ベテランメンバーからボランティア活動のお返しとして入居者から差し入れをもらってよいのだろうか，という問題提起が行われ，急遽ワークキャンプのプログラムを一時中断し，ワークキャンプに長く参加しているメンバーを中心に話し合いが行われた。話し合いの中では，東日本大震災時における復興支援活動の経験を踏まえ，「被災された人に気を遣わせないために原則差し入れを受け取らないのが当たり前だった」という意見もあれば，「10年以上関わりを持ち続けている邑久光明園の人たちとでは，状況が異なっており，また，差し入れを無下にお断りしてしまうとがっかりさせてしまうのではないか」という意見も出た。あるいは，「そもそもありがとうや感謝の気持ちをもらわなければ活動できないのか」という発言をめぐって，なぜ，私たちはこの場で活動しているのかということについても長時間にわ

第Ⅱ部　実践分析

図4-23　畑作業の手伝いの様子

たって議論された。

　畑作業の手伝いの様子を図4-23に示す。こうした畑作業の差し入れをめぐる議論は，ワークキャンプに複数回参加しているベテランメンバーにとって，ボランティア観を問い直される場面となったようだ。ここでの〈ゆらぎ〉については第6章で改めて考察する。

3-4. 最後の海岸清掃

　ワークキャンプ6日目は海岸清掃の最終日であった。海岸清掃の終わりが見えてきたこともあり，メンバーが互いに声を掛け合いながら，一丸となってワークに取り組んだ。WILLのワークキャンプでは，ワークを盛り上げるために「頑張るぞー！」「おー！」という掛け声が行われるのであるが，最終日には，これまで自分から声を出してこなかったメンバーも，他のメンバーへの掛け声を積極的に行っている姿が印象的であった。

　この日は，碁石海岸の清掃を終えることができ，多くのメンバーが達成感を感じていたようである。「ふりかえりシート」には海岸清掃に関する以下のような記述がみられた。

第4章　ワークキャンプにおける学びの契機と様態

・「みんな楽しそうで嬉しかったしほっとした」（ディレクター）

・「全体としての一体感がとても楽しかった」（ディレクター）

・「達成感があり，メリハリ感がある。周りと協力しながらやっていけた。明るく楽しくできた」（サブディレクター）

・「自分なりにしっかり考えることができた」（初参加者）

・「みんなに声を掛け大丈夫か聞いた。なるべく丁寧に作業した。周りを見ることを意識した。みんなにどういったことを手伝ってほしいか聞いたり，言ってスムーズに進むようにした」（初参加者）

・「もう少し楽しく効率よく清掃（海岸）できないのか？　ディレクターに少しなりたいと思った」（初参加者）

・「昨日よりよくできた」（初参加者）

　初参加者の中には，活動上の工夫や改善点について積極的に考え，また，自分がディレクターをしてみたいという気持ちになった者もいたようである。ワークキャンプにおける学びのプロセスをより長期的な視点から捉えると，初参加者がスタッフ，ディレクターとなっていくような学びの契機にも注目していく必要があろう。

3-5. メンバー間の関係変容

　ワークキャンプでは，メンバーの親密感が高まるにつれて，インフォーマルな相互交流の場面が生じてくる。当時，大学4年生であった参加者Dは，碁石海岸でのワークの休憩時間中に一人で休んでいたところ，ある高校生メンバーから将来就きたい職業に関する相談を受けたという。その職業分野は，参加者Dにとっても関心のある分野であったため，参加者Dが大学で学んでいることや，自身の将来の話も交えつつ，相互交流が行われた。

　参加者Dは，当時のことを振り返り，以下のように述べた。

第Ⅱ部　実践分析

> 参加者Ｄ：こんなことあるんやって，すごい驚いて。あんまり自分は，いき
> なりそんな自分の専門とか自分の将来とかって話をしないけど，
> （高校生の側から）「私，こういうこと，大学生になったら勉強し
> たくて」みたいな話をしてくれたのが，ワークキャンプではこう
> いう経験も起こりえるんだって，面白かった。（括弧内筆者）

　参加者Ｄは，過去にもスタッフやディレクターとしてワークキャンプに参加していたが，その時には，このように高校生メンバーから，自分の将来や悩みについて打ち明けられるようなことはなかったという。このワークキャンプにおいて，参加者Ｄは，途中参加者であり，サポーティブにワークキャンプに参加していた。ワークキャンプにおける学びのプロセスを分析するにあたっては，各参加者の参加形態の違いや役割の有無を含めて検討していく必要があるということであろう。

3-6. ラストナイトリフレクション

　ワークキャンプの最終夜には，「ラストナイトリフレクション」という普段とは異なるリフレクションが行われる。年度によっては，キャンプファイヤーを行うこともあれば，キャンドルサービスの形式を取ることもある。2018年のワークキャンプでは，キャンドルサービスの形式で行われた。このリフレクションでは，メンバー一人一人が互いに思いを伝え合うことを目的としており，まずはディレクターからメンバー全員に感謝の意が述べられ，その後，メンバーが円形に並び，一人一人と話せるように列を組み替えていく。このワークキャンプでは，途中で並び方がわからなくなり，最終的には，それぞれがまだ話せていないメンバーと自由に語り合う時間になったのだが，それぞれのメンバーが思い思いに感謝の気持ちを伝えることができたようである。特に印象的だったのは，ワークキャンプの途中で，一度ダウンしてしまった高校生メンバーが，他のメンバーに助けてもらったおかげで最後まで活動に参加することができた，

120

第4章　ワークキャンプにおける学びの契機と様態

と涙を流しながら感謝の思いを述べていたことであった。

　この高校生メンバーは，「ふりかえりシート」に，「ラストナイトセッションでは泣いてしまったが，（自分が）変われたことがとてもよくて，人と関わるのが楽しくなりました。今の自分は誇ってよいと実感しました。とても充実した活動だった（括弧内筆者）」という思いを残していた。この高校生メンバーは，1週間の活動の中で自身の変化を感じ，自信をつけたようである。WILL のワークキャンプには，自分に自信がもてない若者が多く参加している。もちろんワークキャンプに参加したからといってすべてのメンバーがこうした実感を得られるわけではないが，参加者がワークキャンプを通して自信をつけ，他者との関わりに積極的になっていくといったプロセスは，ワークキャンプにおける重要な学びのプロセスだといえよう。そして，参加者のエンパワメントという観点に立てば，こうした学びのプロセスが次の学びや活動につながるための仕組みとして整備されていく必要があるのだろう。

3-7. 最終リフレクション

　ワークキャンプ最終日には，1週間の総まとめとして最終リフレクションが行われる。このリフレクションは，これまでに記入した「ふりかえりシート」を見返しながら，1週間の気づきや学びを振り返ることを目的としている。2018年のワークキャンプでは，最終日に台風が近づいていたことから，急遽プログラムを変更して，神戸大学に戻ってきた後に，D-room にて最終リフレクションを行った。最終リフレクションでは，様々な気づきや学びが語られていたのであるが，特に印象的であったのは，初参加の高校生メンバーの多くが，自身の学びや成長について関心を高め，手応えを摑んでいたことであった。

　最終リフレクションの様子を図4-24および図4-25に示す。このワークキャンプにおける初参加の高校生メンバーの「総ふりかえりシート」には，例えば，以下のような自身の学びや成長に関する記述が見られた（括弧内筆者）。

121

第Ⅱ部　実践分析

・私は，○○○をうれしく感じています。
「自分の視点などを見直すことができたこと」「成長」「心や考え方の変化」
「最後までワークキャンプに参加できたこと」「（自分の）何かがふっきれた
事」

・私は，○○○に怒りを感じています。
「自分自身」「自分がなにもできなかった（ような気がしている）こと」「自
分の体力やだせる力」「心底から感謝のことが思えていないような気がし
ていること」「無愛想な自分」「入居者さんに質問できなかった自分」「頂
き物について何も言えなかった自分」「今までの自分（何も考えずにだらだ
ら過ごしていた自分）」

・私は，○○○を不安に感じています。
「また参加することができるか」「学ばせていただいたことを忘れてしまわ
ないか，実践しないのではないか」「自分の気持ちがどこまで強いか」「お
ちついて行動できるのか」

・私が楽しみにしているは，○○○です。
「今回学ばせていただいたことを今後役立てるようにすること」「今日得た
知識を思い返し考えること」「自他の成長」「進路を決めてもっとしっかり
した自分になって，またワークキャンプに参加すること」「これからの自
分」

・私が気になっているのは，○○○です。
「自分」「今後の自分の活動の仕方」「私のことはみんなどう思っているの
か」「私自身」

第4章 ワークキャンプにおける学びの契機と様態

図4-24 最終リフレクションの様子　　図4-25 それぞれのメンバーへ拍手を送る様子

　ワークキャンプ初参加者の「総ふりかえりシート」には，自身の学びや成長に関する記述が多く見られたが，ワークキャンプに複数回参加しているメンバーの「総ふりかえりシート」には，WILL のこれからや邑久光明園のこれからなどプロジェクトに関する記述が見受けられた。複数回の参加の中で，自身の学びや成長への関心が徐々に外部へと広がっていくということであろう。ワークキャンプにおける学びのプロセスをこうした関心の広がりといった観点から捉えていく必要もあるのではないだろうか。

4．求められる〈ゆらぎ〉の構造的理解

　本章では，ワークキャンプにおける参加者の印象に残った場面の描出を通して，ワークキャンプにおける学びの契機と様態について分析を試みた。ここでいえることは，ワークキャンプには，参加者の迷いや葛藤からなる多様な学びの契機，すなわち，多様な〈ゆらぎ〉の生成場面が存在するということである。本章では，こうした〈ゆらぎ〉の生成場面とそこでの参加者の学びの様態について，いくつかの具体例を示すことができたように思う。

　最後に，今後の研究課題を示す。一つは，ワークキャンプにおける〈ゆらぎ〉の生成プロセスを，より構造的に把握していくことである。本章では，ワークキャンプにおける学びの様態を描出するため，時系列的にエピソードを記述するという方法をとったが，そこでの学びには，初参加者に特有の学びのプロセ

123

第Ⅱ部　実践分析

スも含まれていれば，複数回参加者に特有の学びのプロセスも含まれている。ワークキャンプ初参加者と複数回参加者の〈ゆらぎ〉の特徴およびその意義については，より構造的に検討を進めていく必要があるだろう。第5章では，こうした観点に基づき，ワークキャンプ初参加者の〈ゆらぎ〉について詳細に検討していく。

　もう一つは，ワークキャンプ複数回参加者の学びのプロセスを捉えていくにあたり，単回のワークキャンプにおける〈ゆらぎ〉だけではなく，複数回のワークキャンプあるいはワークキャンプ以外の学習プログラムとの連関の中で，そのプロセスを捉えていく必要があるということである。この課題については，第6章で検討を行う。

注

(1)　香川秀太は，状況論について，「Lave & Wenger（1991）の正統的周辺参加や，Engeström（1987）の拡張的学習といった概念を筆頭に，主に80年代後半に体系化され現在に続く理論であり実践」（香川, 2011, p.604）と解説している。

(2)　例えば，地域における ESD について研究する岩佐礼子は，地域における個人，集団の学び合い，教え合いのやりとりを「個人と集団の学びのダイナミクス」という言葉を用いて表している（岩佐, 2014）。また，学生の学びと成長を研究する河合亨は，授業外の活動における学習と授業内の学習の関係を「学生の学習ダイナミクス」として捉えた研究を進めている（河井, 2014）。

(3)　ワークキャンプの進行はディレクターという役割をもったメンバーによって担われる。サブディレクターはディレクターを支える役割の名称である。

(4)　一般的には，「入所者」という言葉が用いられるが，本書では，園に居住し生活を営んでいるという意味で「入居者」という語を用いている。

(5)　エンゲストローム（Y. Engeström）は，人間の行為と文化─歴史的な社会の構造の相互変容を分析する枠組みとして「活動システム」という概念を用いている（Engeström, 2015 = 山住訳, 2020）。

(6)　例えば，福祉教育における学習者の内面的変化を捉える概念として〈ゆらぎ〉を用いた研究（河村・諏訪・原田, 2002, 2003, 2004）や，社会教育における支援者の

124

力量形成という観点から，災害時における子ども支援ボランティアの〈ゆらぎ〉を分析した研究（安部，2011）などがある。

第5章

ワークキャンプ初参加者の〈ゆらぎ〉
の生成プロセス

第1節　分析枠組み

1．本章の位置づけ

　本章では，第4章で実施したインタビュー調査のうち，初参加者であった参加者Aおよび参加者Bのインタビュー内容を分析することで，ワークキャンプにおける多層多元的な学習構造をモデル化するとともに，その意義を明らかにすることを目的とする。

2．分析方法

　インタビューデータの分析方法については，比較的小規模のデータに適用可能であるという点から，SCAT（Steps for Coding and Theorization）を用いた（大谷, 2019）。SCATは，大谷尚によって開発された質的データ分析手法である。その具体的な方法について整理したものを以下に示す。

- ・インタビューデータをセグメント化（細分化）したものに対して，「データ中の注目すべき語句」「それを言いかえるためのテキスト外の語句」「それを説明するようなテキスト外の概念」「そこから浮かび上がるテーマ・構成概念」の順にコードを考え，付す。
- ・テーマ・構成概念からストーリー・ラインを記述する。

第Ⅱ部　実践分析

・そこから理論記述（これまでの分析でいえること）を記述する。

　なお，本調査においては，セグメントの数が膨大になることでコードの全体的なつながりが見出しづらい状況にあったため，「テキストのセグメントを通常より大きくとって，大きな単位から少ないコードを書き出しながら分析する」（同上，p.361）という方法を用いた。

第2節　〈ゆらぎ〉に関するストーリー・ラインと理論記述

1．自然・他者・自己との出合いから生じる多様な〈ゆらぎ〉

　以下，インタビューデータの分析から得られた参加者Aのストーリー・ラインおよび〈ゆらぎ〉に関する理論記述（これまでの分析でいえること）を示す。下線部は，セグメントごとのインタビューデータの分析から得られたテーマ・構成概念である。

1-1．参加者Aのストーリー・ライン

　当時，高校2年生であった参加者Aは，長期休暇における非日常的体験志向を抱いていた。そこに，信頼関係のある教員からの声掛けおよび高校における多層的な参加者コミュニティの存在という要因があり，ワークキャンプへの直感的期待感からワークキャンプへの参加を決めた。参加者Aは，ワークキャンプ参加時，参加者Aにとっての非日常空間としての大学において，高校とは異なる異年齢集団への驚きを感じた。ワークキャンプ1日目，参加者Aは，初参加時の不安と緊張から理性による自己の抑圧を生じていた。しかし，非管理的時空間における集団行動を通して，身体的活動を通した自己の解放が行われ，ワークキャンプの直感的楽しさや剝き出しの自然との出合いを通した感動体験を経験した。ワークキャンプ2日目，参加者Aは，友人の新たな一面の発見から友人との比較を通した自己認知を行い，友人への憧れと葛藤や同世代

のディレクターへの憧れを感じた。ワークキャンプ３日目の交流会の場面において，最初，参加者Aは，聞くことへの戸惑いを感じていた。しかし，職員の歴史的事実としての語りから歴史的背景知識の獲得の機会を得るとともに，入居者の生きられた経験の語りから聞くことに伴う責任感の高まりを感じる機会となった。ワークキャンプ中盤以降，参加者Aは，さらに，身体的活動を通した自己の解放を経て，活動的なメンバーへの憧れおよびそこから生じるメンバーの生き方への関心の高まり，メンバーの語りを介した認識変容を経験した。また，入居者との関わりの場面からは，活動が受け入れられているという感覚を感じた。ワークキャンプ最終夜のキャンドルサービスにて，参加者Aは，自己の内面をめぐる問いを受け，新たな自己の発見に伴う自己概念のゆらぎが生じた。このワークキャンプ全体を通して，参加者Aは，多様な社会課題への気づきと多様な生き方への気づきを得ることで，身近な社会課題への感度の高まりを生じた。このワークキャンプは，参加者Aにとって，ボランティア活動の入口および意識・行動変容のターニングポイントとなった。

1-2. 参加者Aの〈ゆらぎ〉に関する理論記述

ワークキャンプ参加者は，

・身体的活動を通した自己の解放過程を経て，剝き出しの自然との出合いを通した感動体験，活動的なメンバーへの憧れ，そこから生じるメンバーの生き方への関心の高まり，メンバーの語りを介した認識変容を生じることがある。

・友人の新たな一面の発見から，友人との比較を通した自己認知を行うことで，友人への憧れと葛藤および同世代のディレクターへの憧れを感じることがある。

・入居者の生きられた経験の語りから，聞くことに伴う責任感の高まりを感じることがある。

・自己の内面をめぐる問いを受け，新たな自己の発見に伴う自己概念の〈ゆ

第Ⅱ部　実践分析

らぎ〉を生じることがある。
・多様な社会課題への気づきと多様な生き方への気づきを得ることで，身近
　な社会課題への感度の高まりを生じることがある。

　参加者Ａのインタビューデータの分析から，ワークキャンプ参加者におけ
る剥き出しの自然との出合いを通した感動体験，メンバーへの憧れと葛藤（関
心の高まり），聞くことに伴う責任感の高まり，メンバーの語りを介した認識変
容，新たな自己の発見に伴う自己概念の〈ゆらぎ〉，身近な社会課題への感度
の高まり，という６つのタイプの〈ゆらぎ〉を見出すことができた。

2．〈ゆらぎ〉を通したボランティア活動への認識・行動変容
　以下，インタビューデータの分析から得られた参加者Ｂのストーリー・ラ
インおよび〈ゆらぎ〉に関する理論記述を示す。下線部は，セグメントごとの
インタビューデータの分析から得られたテーマ・構成概念である。

2–1．参加者Ｂのストーリー・ライン
　当時，高校３年生であった参加者Ｂは，ボランティア活動への関心および
入試への考慮から，ワークキャンプへの参加を決めた。参加者Ｂは，ワーク
キャンプ１日目，初参加時の不安と緊張および情報過多による混乱を感じてい
た。このような状態の中，ワークにおける小さな達成感と自己有用感を感じて
はいたものの，自分が必要とされている感覚を感じられずにいた。ワークキャ
ンプ２日目の園内清掃において，参加者Ｂは，メンバーからの指摘を受け，
場所がもつ意味への気づきとともに，想像的理解の必要性への気づきを得た。
また，ワークキャンプ２日目以降，参加者Ｂは，関係性の深まりに伴う緊張
感からの解放および関係性の深まりに伴う団結感の高まりを経て，慣れに伴う
行動の見通しがつくようになった。しかし，基本姿勢としての受け身は維持さ
れており，働き通しのディレクターへの心配を寄せていた。ワークキャンプ３

日目の交流会の場面において，参加者Bは，相手が聞かれたくないことを聞いてしまうのではないかという不安を感じ，ハンセン病問題が歴史的事実としての理解だけでは済ませられないという気づきを得た。ワークキャンプ中盤以降，集団内の多声性の高まりが感じられる中，参加者Bは，言語化への苦手意識を感じていた。しかし，集団内の疲労の蓄積に伴う体力的差異の顕在化が進んだことで，参加者Bは，助け合い精神としての頑張りを発揮した。ワークキャンプ最終夜のキャンドルサービスにて，参加者Bは，非日常空間への驚きを感じた。それは，ボランティア活動の「型」への認識変容を伴うものであった。この空間の中で，参加者Bは，メンバーとの別れの実感と名残惜しさを感じ，これまでに経験したことのない感動を経験した。このワークキャンプ全体を通して，参加者Bは，時間の有限性への気づきを得たが，日常と非日常のギャップに伴うもどかしさを感じることもあった。また，活動が受け入れられているという感覚から，ボランティア活動イメージとしての「やってあげている感」を問い直し，ボランティア活動イメージの変容を生じる機会となった。さらに，参加者Bは，ワークキャンプへの参加を通して，スタッフメンバーの動きへの関心の高まりを生じ，これは，後のプログラムへの十全的参加欲求となった。

2–2. 参加者Bの〈ゆらぎ〉に関する理論記述

ワークキャンプ参加者は，

・メンバーからの指摘を受け，場所がもつ意味への気づきとともに，想像的理解の必要性への気づきを得ることがある。

・交流会の場面において，相手が聞かれたくないことを聞いてしまうのではないかという不安を感じ，ハンセン病問題が歴史的事実としての理解だけでは済ませられないという気づきを得ることがある。

・ワークキャンプにおける非日常空間への驚きを感じ，ボランティア活動の「型」への認識変容を生じることがある。

第Ⅱ部　実践分析

・メンバーとの別れの実感と名残惜しさを感じ，これまでに経験したことの
ない感動を経験することがある。
・時間の有限性への気づきを得ることがあるが，日常と非日常のギャップに
伴うもどかしさを感じることがある。
・活動が受け入れられているという感覚から，ボランティア活動イメージと
しての「やってあげている感」を問い直し，ボランティア活動イメージの
変容を生じることがある。
・スタッフメンバーの動きへの関心の高まりを感じ，後のプログラムへの十
全的参加欲求を生じることがある。

　参加者Ｂのインタビューデータの分析から，ワークキャンプ参加者における
想像的理解の必要性への気づき，歴史的事実としての理解だけでは済ませら
れないという気づき，ボランティア活動の「型」への認識変容，これまでに経
験したことのない感動，時間の有限性への気づき，ボランティア活動イメージ
の変容，スタッフメンバーの動きへの関心の高まり，という7つのタイプの〈ゆ
らぎ〉を見出すことができた。

第3節　ワークキャンプにおける多層多元的な学習構造の可能性

1．ワークキャンプ初参加者における〈ゆらぎ〉の様相

　インタビュー調査で得られたワークキャンプ初参加者における〈ゆらぎ〉を
表5−1に示す。まず，〈ゆらぎ〉を分析するにあたり，それぞれの〈ゆらぎ〉
が具体的にどのような場面で生じたのかを「作業仮説としての〈ゆらぎ〉が生
じた場面」（表5−1の2列目）に記入した。次に，その〈ゆらぎ〉が参加者のど
のような「思考・行動様式および基盤」を不安定な状態にしたと考えられるの
かを「不安定な状態になった思考・行動様式および基盤」（表5−1の3列目）に
記入した。さらに，それぞれの〈ゆらぎ〉における「不安定な状態になった思

132

第**5**章　ワークキャンプ初参加者の〈ゆらぎ〉の生成プロセス

表5-1　ワークキャンプにおける初参加者のゆらぎの様相

	作業仮説としての〈ゆらぎ〉が生じた場面	不安定な状態になった思考・行動様式および基盤	作業仮説としての〈ゆらぎ〉のカテゴリ
①剝き出しの自然との出合いを通した感動体験	・海岸清掃において参加者が直接的に体験した場面	人間と自然は切り離されたもの（自然はコントロール可能なもの）という前提	自己の自律性（自律 対 恥・疑惑）
②メンバーへの憧れと葛藤（関心の高まり）	・他の社会課題に取り組むメンバーとの対話の場面 ・友人や同年代のディレクターがワークキャンプに取り組む姿から影響を受けた場面	自分はどのような動きをすべきなのかという前提	自己の行動の社会的意義（勤勉 対 劣等感）
③聞くことに伴う責任感の高まり	・交流会における入居者の人の語りの場面	自分は他者へどう応えられるのか（どう応えるべきか）という前提	自己の自主性（自主性 対 罪の意識）
④メンバーの語りを介した認識変容	・お別れの挨拶時におけるメンバーの語りの場面	人付き合いは面倒なものという前提	自己と他者との親密性（親密 対 孤立）
⑤新たな自己の発見に伴う自己概念の〈ゆらぎ〉	・キャンドルサービスにおけるメンバーとの対話の場面	自分とはこういうものだという前提	自己概念（アイデンティティ 対 アイデンティティ拡散）
⑥身近な社会課題への感度の高まり	・他の社会課題に取り組むメンバーとの対話の場面 ・ワークキャンプ全体を通して	社会課題とは自分と切り離されたものだという前提	社会課題という概念
⑦想像的理解の必要性への気づき	・園内清掃においてメンバーから指摘を受けた場面	ボランティア活動とはこういうものだという前提	ボランティア活動という概念
⑧歴史的事実としての理解だけでは済ませられないという気づき	・交流会における入居者の人の語りの場面	ハンセン病問題とはこういうものだという前提	ハンセン病問題という概念
⑨ボランティア活動の「型」への認識変容	・キャンドルサービスにおいて参加者が直接的に体験した場面	ボランティア活動とはこういうものだという前提	ボランティア活動という概念
⑩これまでに経験したことのない感動	・キャンドルサービスにおいて参加者が直接的に体験した場面	自分はメンバーとの別れからどれほど感動するのか（親密性を築けるのか）という前提	自己と他者との親密性（親密 対 孤立）
⑪時間の有限性への気づき	・ワークキャンプ全体を通して	自分の中にある有意義な時間の使い方（どのように過ごすべきか）という前提	自己の行動の社会的意義（勤勉 対 劣等感）
⑫ボランティア活動のイメージの変容	・ワークキャンプ全体を通して	ボランティア活動とは相手に何かをやってあげるものという前提	ボランティア活動という概念
⑬スタッフメンバーの動きへの関心の高まり	・同年代のスタッフがワークキャンプに取り組む姿から影響を受けた場面	自分はどのような動きをすべきなのかという前提	自己の行動の社会的意義（勤勉 対 劣等感）

133

第Ⅱ部　実践分析

Ⅰ 乳児期	基本的信頼 対 基本的不信				一極性 対 早過ぎる自己分化			
Ⅱ 幼児初期		自律 対 恥, 疑惑			二極化 対 自閉			
Ⅲ 遊戯期			自主性 対 罪の意識		遊びによる同一化 対 (エディプス的な) 幻想による複数の アイデンティティ			
Ⅳ 学齢期				勤勉 対 劣等感	労働による同一化 対 アイデンティティ の差し押さえ			
Ⅴ 青年期	時間的展望 対 時間的拡散	自己確信 対 アイデンティティ意識	役割実験 対 否定的アイデンティティ	達成への期待 対 労働麻庫	アイデンティティ 対 アイデンティティ 拡散	性的アイデンティティ 対 両性的拡散	リーダーシップの 分極化 対 権威の拡散	イデオロギーの 両極化 対 理想の拡散
Ⅵ 若い成人					連帯 対 社会的孤立	親密 対 孤立		
Ⅶ 成人期							ジェネラティ ヴィティ 対 自己陶酔	
Ⅷ 成熟期								インテグリティ 対 嫌悪, 絶望

図5-1　心理社会的発達理論

出所：Erikson, 1959 = 西平・中島, 2011, p.136

考・行動様式および基盤」をカテゴリ化したものを「作業仮説としての〈ゆら
ぎ〉のカテゴリ」（表5-1の4列目）に記入した。

　「作業仮説としての〈ゆらぎ〉のカテゴリ」の作成にあたっては，エリクソ
ン（E. H. Erikson）の心理社会的発達理論における「心理・社会的危機」の概
念を用いた。エリクソンは，人間の成長を「人間が繰り返し乗り越えてゆく内
側・外側の葛藤」（Erikson, 1959 = 西平・中島訳, 2011, p.46）として捉え，図5-1
を作成した。対角線上の欄には発達段階ごとに特有の「心理・社会的危機」が
示されている[1]。

　青年期は，他の発達段階と比べて，多様な「心理・社会的危機」が生起しう
る時期であり，青年期の若者が多く参加するワークキャンプにおいても，様々

第**5**章　ワークキャンプ初参加者の〈ゆらぎ〉の生成プロセス

な「心理・社会的危機」が〈ゆらぎ〉として生起している可能性がある[(2)]。したがって，本書では，ワークキャンプにおける〈ゆらぎ〉の多様性を把持するためエリクソンの「心理・社会的危機」の概念を用いた。

　本調査から得られた「作業仮説としての〈ゆらぎ〉のカテゴリ」を整理する。ワークキャンプ初参加者は〈ボランティア活動〉〈社会課題〉〈ハンセン病問題〉といった概念の〈ゆらぎ〉に加え，〈自己の自律性〉〈自己の自主性〉〈自己の行動の社会的意義〉〈自己概念〉〈自己と他者の親密性〉といった「心理・社会的危機」（Erikson, 1959 = 西平・中島訳, 2011）に関連する多様な〈ゆらぎ〉を感じていた。1回のワークキャンプにおいてこれだけ多様な〈ゆらぎ〉が見出されるという点は，ワークキャンプにおける学びの大きな特徴といえるだろう。

２．ワークキャンプにおける多層多元的な学習構造

　次に，これらの多様な〈ゆらぎ〉がワークキャンプにおけるどのような学習構造から生じたものなのかを検討する。図5-2にブロンフェンブレンナー（U. Bronfenbrenner）の生態学的システム論を基に作成したワークキャンプの学習構造を示す。

　ブロンフェンブレンナーは「生態学的環境は，それぞれが次々に組み込まれていくような，位相的に同じ中心をもつ入れ子構造のように考えられる」（Bronfenbrenner, 1979 = 磯貝, 福富訳, 1996, p.23）として，それぞれの構造を以下のように定義した。

　　マイクロシステムとは，特有の物理的，実質的特徴をもっている具体的な行動場面において，発達しつつある人が経験する活動，役割，対人関係のパターンである。（同上, p.23）

　　メゾシステムは，発達しつつある人が積極的に参加している二つ以上の行動場面間の相互関係からなる（子どもにとっては，家庭と学校と近所の遊び仲間

第Ⅱ部　実践分析

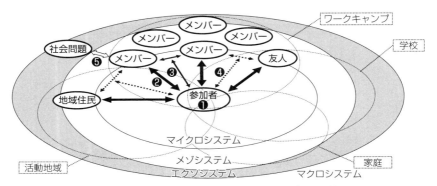

図5-2　〈ゆらぎ〉を生み出すワークキャンプの学習構造

との間にある関係であり，大人にとっては，家族と職場と社会生活との間にある関係）。（同上, p.27）

　エクソシステムとは，発達しつつある人を積極的な参加者として含めていないが，発達しつつある人を含む行動場面で生起する事に影響を及ぼしたり，あるいは影響されたりするような事柄が生ずるような一つまたはそれ以上の行動場面である。（同上, p.27）

　マクロシステムとは，下位文化や文化全体のレベルで存在している，あるいは存在しうるような，下位システム（マイクロ，メゾ，エクソ）の形態や内容における一貫性をいい，こうした一貫性の背景にある信念体系やイデオロギーに対応するものである。（同上, p.28）

　なお，ここで「行動場面」とは「人々が対面的相互作用を容易に行うことのできる場所」（同上, p.24）と定義されている。図中の❶は，表5-1において「参加者が直接的に体験した場面」と記した，いわゆる〈直接体験〉を表している（表5-1の①⑨⑩）。❷で示した太矢印は，「対話の場面」「語りの場面」「指摘

を受けた場面」という言葉で記した〈二者関係的相互作用〉を表している（表5－1の②～⑧）。❸で示した矢印は「ワークキャンプに取り組む姿から影響を受けた」と記したような〈マイクロシステム（同一の行動場面内）における三者関係的相互作用〉を表している（表5－1の②⑬）。ここでの〈三者関係的相互作用〉とは，ワークキャンプのディレクターが，他のメンバーに働きかけている姿を見て，そこから参加者が何らかの影響を受けるといった相互作用を意味している。❹で示した点線矢印は，もともと学校という行動場面で関係のあった友人を含む三者関係を介した相互作用を表している（表5－1の②）。参加者と友人の関係は，ワークキャンプという同一の行動場面にありながらも，ワークキャンプと学校という2つの行動場面間の相互作用でもあることから〈メゾシステム（複数の行動場面間）における三者関係的相互作用〉といえよう。❺で示した白抜き矢印は，参加者，他のメンバー，そのメンバーが関心をもって取り組んでいる社会問題の相互作用を表している（表5－1の⑥）。ここで他のメンバーにとっての社会問題はマイクロあるいはメゾシステムにあるが，参加者にとってはエクソシステムにある。すなわち，他のメンバーは，参加者と社会問題を媒介する役割を果たしている。ここで生じている相互作用は〈エクソシステム（参加者が直接的に参加していない行動場面）における三者関係的相互作用〉といえよう。

　本調査から，ワークキャンプに内在・外在する，❶〈直接体験〉，❷〈二者関係的相互作用〉，❸〈マイクロシステムにおける三者関係的相互作用〉，❹〈メゾシステムにおける三者関係的相互作用〉，❺〈エクソシステムにおける三者関係的相互作用〉という多層多元的な学習構造を見出すことができた。特筆すべきは，ワークキャンプにおける〈三者関係的相互作用〉がマイクロシステムのみならず，メゾシステム，エクソシステムとの相互作用を生み出す学習構造として機能していたことである。ワークキャンプは現実社会と結びついた実践であるが，しばしば感情的な高揚感だけで満足されて終わってしまうことが指摘されている（佐藤, 2006, p.164）。様々なタイプの〈三者関係的相互作用〉を介

第Ⅱ部　実践分析

して参加者の行動場面が拡張していく過程の中に，ワークキャンプの学びの意義があるのではなかろうか。

3．ワークキャンプにおける学びの意義の再構築へ向けて

　本章では，ワークキャンプ初参加者の〈ゆらぎ〉の様相を把持することで，ワークキャンプにおける学びの特徴とその意義に関する仮説を得ることができたように思う。一つは，ワークキャンプは，ボランティア活動そのものに関する概念の〈ゆらぎ〉に加え，青年期の特徴とされる「心理・社会的危機」に関連する多様な〈ゆらぎ〉が生まれる実践として意義があるのではないかということ。もう一つは，〈ゆらぎ〉が生まれるワークキャンプには，多層多元的な学習構造が内在・外在している必要があり，参加者の行動場面の拡張を促す〈三者関係的相互作用〉が特に重要ではないかということである。

　また，本章では，ワークキャンプ初参加者の〈ゆらぎ〉を対象としたため，ハンセン病問題を自身の問題として引き受けることから生じる〈ゆらぎ〉について丁寧に洗い出すことはできなかった。しかし，WILL では，2007年よりワークキャンプを実施する中で，邑久光明園の陶芸クラブの人々と一緒に「こみょたん」（邑久光明園のゆるキャラ）の陶芸作品を作成する「こみょたん玉づくりプロジェクト」や，入居者に昭和30年代の園での思い出を聞き取りながらジオラマをつくる「心の風景ジオラマづくりプロジェクト」などが生み出されてきた。こうしたプロジェクトは，邑久光明園に複数年関わるメンバーが発案したものである。このようなプロジェクトが創出される契機の中に〈ゆらぎ〉が見出されるとすれば，そこにはまた異なるタイプの〈ゆらぎ〉が存在すると考えられる。

　したがって，ここで得られた仮説を踏まえながら，ワークキャンプの特徴と可能性をより深く探究するための今後の研究の方向性が2点考えられる。一つは，ワークキャンプ参加者と学習構造の相互作用を1回のワークキャンプの中だけではなく一定の時間枠で捉えていくことである。ワークキャンプには，初

第**5**章　ワークキャンプ初参加者の〈ゆらぎ〉の生成プロセス

参加者だけではなく，スタッフ，ディレクター，サブディレクターといった様々
な経歴のメンバーが存在している。今後，ワークキャンプの参加者と学習構造
の相互変容のプロセスを継時的に明らかにすることが求められよう。

　もう一つは，ワークキャンプにおける外在的な学習構造を視野に入れた実践
の構築および分析を行うことである。本章ではワークキャンプにおける〈三者
関係的相互作用〉の可能性の一端を示すにとどまったが，ワークキャンプ参加
者と学習構造の相互作用を一定の時間枠で捉えた場合，例えば，参加者が他の
活動現場で得た知識や技術をワークキャンプの活動現場に活かすといったよう
に，参加者の行動場面の拡張のみならず，行動場面間の相互作用が活動そのも
のに変化をもたらすといったことも考えられる。ワークキャンプを単体の実践
としてではなく，複数の外在的な学習構造との連関の中で捉えていくことこそ
が，ワークキャンプにおける学びの意義の再構築へとつながるのではなかろう
か。第6章では，こうした視点をもちつつ，ワークキャンプに複数回参加して
いる参加者の〈ゆらぎ〉とそこでの学びのプロセスについて分析を進めていく。

注

(1)　ここで「心理・社会的危機」は独立的および段階的に生起するものとは考えられ
　　ていないことに注意する必要がある。エリクソンは「心理・社会的危機」について，
　　「他のすべての項目と系統的に関連」(Erikson, 1959 = 西平・中島訳, 2011, p.48) し
　　あうものであり，それが顕在化する以前から「何らかの形で存在している」(同上,
　　p.48) ものと捉える。また別の言葉では，「あらゆる大人はこれらの葛藤を自らの
　　パーソナリティの奥深くに抱えたまま生きている」(同上, p.135) と述べている。
　　すなわち，図5-1の対角線以外の欄は青年期の行以外は埋められていないが，空
　　欄部分にも意味があるということである。エリクソンは「対角線上の欄の上には，
　　それぞれの解決の先駆となるもの the precursors をいずれ詳しく論じるための空欄
　　がある」(同上, p.162)，「対角線上の欄の下には，成熟しつつあるパーソナリティ
　　におけるこれらの解決の派生物の意味 the designation of the derivatives を書き込
　　むための空欄がある」(同上, p.162) と述べている。
(2)　エリクソンは，青年期を「それまで依拠していた斉一性と連続性のすべてが，再

第Ⅱ部　実践分析

び問い返される」（同上, p.95）時期であり,「若者の中には, 新しい連続性と斉一性
との感覚を探すなかで, 子ども時代の多くの危機と再び戦わなくてはならない者も
いる」（同上, p.95）と述べている。

第6章

ワークキャンプにおける複数の役割経験から
生じる〈ゆらぎ〉の意義

第1節　分析枠組み

1．本章の位置づけ

　本章では，第4章で実施したインタビュー調査のうち，ワークキャンプに複数回参加したことのあるメンバーのインタビュー内容を分析することを通して，そこでの学びのダイナミクスを描出するとともに，ワークキャンプにおける複数の役割経験から生じる〈ゆらぎ〉の意義と今後の研究課題を論じる。

2．分析方法

　本章では，第4章で示した2018年のワークキャンプにおける25個のエピソードから，ワークキャンプ複数回参加者の〈ゆらぎ〉の生成プロセスとして特徴的であった「リーダーとしての成長の問い直し」と「ボランティア観の問い直し」という2つのエピソードを取り上げ，分析を試みた。

第2節　複数の役割経験から生じる〈ゆらぎ〉の様相

1．リーダーとしての成長の問い直し

・エピソード概要

　ワークキャンプ5日目に「中野婦長殉職碑」の周囲の草取りを行っていた。

第Ⅱ部　実践分析

作業の途中で飲料水が足りなくなったため，このワークキャンプの中で飲料水の準備を中心的に担っていた参加者Ｆが，他のメンバーとともに宿舎まで飲料水を取りに戻ることになった。参加者Ｆは，他のメンバーに対して，「飲料水は重いため男性数名のお手伝いをお願いします」と呼び掛けた。数名のメンバーが，男性に限定する必要はないのではないか，と意見を発した。参加者Ｆは，はっと気づいたような表情を浮かべ，改めて男性に限らず手伝いを募った。

　筆者は，この場面において，他の参加者と一緒に作業に参加しており，参加者Ｆが男性に限定した呼び掛けを行った際には，性別による役割分担に違和感を感じ，「別に男じゃなくてもいいよね？」といった軽い調子で参加者Ｆに話し掛けた。参加者Ｆはその後，少し落ち込んでいたように感じられたため，その後のプログラムにおいて，より積極的に声掛けをするよう心掛けたが，このワークキャンプ中どこか迷いが感じられる表情をしていた。

・インタビュー記録

　参加者Ｆ：発言した瞬間に自分でも「あっ」と思ったんですけど，それを指摘してくれた人がいて，より強く反省しました。「ぼらばん（WILLの前身の名称）」でのいろいろなワークキャンプとかに参加させてもらって，（リーダーシップに関する）いろいろな理想をもったりとか，すごい自分が変わったなと思っていたんです。でも，その水の件があって，その時に，自分は本当に変わりきれているのか，なんちゃって（リーダー）なんじゃないかという疑問をもった。（括弧内筆者）

　筆　　者：そういう気づきは2016年とか2017年にはなかった？

　参加者Ｆ：2016年は自分が今まで信じていたものとか当たり前だと思ってい

たことが違うとか，もっとこういう形もあるっていうことをいろいろ感じた年で，そこから2017年はそれをもっと深掘りしていくみたいな。2018年はちょっと離れて，会議とかにあまり参加しなくなって，久しぶりというか，普通にワークキャンプに参加して。2016年から2017年は，ずっと走り続けていたみたいな感覚なんですよね。だけど，それが1回止まっただけで，またそうやって考え始める前の自分，2016年の前の自分に戻っているように感じて。ふと気を抜いたらまた戻ってるっていうことに気がついたっていう感じ。

　参加者Fは，高校2年生の頃，2016年に初めてワークキャンプに参加し，2017年のワークキャンプでは，事前の準備ミーティングから積極的に参加していた。2018年のワークキャンプには，ディレクターとして参加する予定であったが，ワークキャンプ前に体調を崩してしまったこともあり，数ヶ月にわたる準備ミーティングに，ほとんど参加できていない状況での参加となった。参加者Fは，過去のワークキャンプで，初参加者，スタッフとしての経験を重ね，2018年の夏ワークキャンプにおいて，意図せず，「ちょっと離れて」からワークキャンプに参加したことにより，自身のこれまでの学びを振り返るきっかけになったという。すなわち，ここでは，役割経験から一旦離れるということが，自身のこれまでの成長と理想的なリーダー像に関する〈ゆらぎ〉を生み出す一つの要因となったと考えられる。

　筆者は，2018年度のワークキャンプの後，活動から少し離れてしまった参加者Fが気になり，ワークキャンプ後も参加者Fを様々なボランティアプログラムに誘い，年に1回程度のペースで日帰りや短期間のボランティアプログラムで一緒に活動を行ってきた。期間の短いプログラムの中ではじっくりと参加者Fの話を聞くことができなかったが，今回のインタビューを通して，2018年のワークキャンプにおける参加者Fの〈ゆらぎ〉を知ることができた。参

加者Fはこのワークキャンプで感じた「自分はいったいリーダーとして何を学んできたのだろうか」という迷いをバネにして，大学における学生委員会の活動に積極的に取り組んでいたとのことであった。このインタビューの際には，参加者Fの顔は晴れやかであり，またWILLの活動にも積極的に参加していきたいという思いを述べていた。活動中の小さな〈ゆらぎ〉が参加者のその後の人生においてどのような意義をもちうるのかは，参加者が当時の〈ゆらぎ〉をどのように意味づけるかに影響される。参加者Fにとって，このインタビューは，当時の〈ゆらぎ〉を改めて意味づける機会となったと考えられよう。

2．ボランティア観の問い直し

・エピソード概要

　ワークキャンプ6日目の早朝に入居者の畑作業の手伝いを行った。作業後，いくつかのグループでは差し入れをもらった。そのことについて，ベテランメンバーから，ボランティア活動のお返しとして差し入れをもらってもよいのだろうか，という問題提起が行われた。そこで，午前のプログラムを一時中断し，ワークキャンプに長く参加しているメンバーを中心に話し合いが行われた。

　筆者は，この議論に参加しており，筆者自身もボランティア観についての〈ゆらぎ〉を経験したのであるが，ここで，特に印象的だったのは，普段，このような場では発言が少なかったメンバーが意見を述べていたことであった。参加者Dもその一人である。

・インタビュー記録

　　参加者D：この時は，自分が思ったことをしっかりとしゃべれた記憶があります。普段，こういう時は，しゃべれないまま黙っていたんですが。たしか，ボランティアの対価として物をもらうというのはいけないけど，関係性の中でこういうやりとりは生じるから，相手

第**6**章　ワークキャンプにおける複数の役割経験から生じる〈ゆらぎ〉の意義

とどのような関係を築きたいかによっても変わるんじゃないか，みたいなことを話した記憶があります。

筆　　者：何か話せるようになったきっかけがあった？

参加者Ｄ：やっぱり距離が空いたのが一番大きいかな。たぶん，自分がリーダーっていう役割じゃない瞬間が訪れたっていうか。本当に2017年の夏ワークキャンプ以降は，結構，ずっとリーダー的な動きをしてきたんです。

また，参加者Ｄは，話し合いの場で自分の考えを述べるという行為だけでなく，「ふりかえりシート」に自分の思いを書き留めるという行為についても以下のように述べていた。

参加者Ｄ：この当時，どんな言葉も，私の何らかのポジションとか，何らかの肩書の中でみんなから見られるって思っていて。「ふりかえりシート」を見せたり，しゃべったりした時に，この組織の中でこのくらいのポジションの人間は，こういうことをしゃべるんだって思われちゃう気がして。そのように受け止められちゃうと思っていたから，何かを書くっていうことが怖かったんです。

参加者Ｄは，大学1年生の頃，2015年の冬のプログラムにおいて初めて邑久光明園を訪れ，2016年に初めてワークキャンプに参加した。そして，2017年のワークキャンプではディレクターを務め，その後も団体のリーダーとしての立場を歴任し，多くのプログラムのディレクターを経験してきた。そして，2018年は，大学4年生となり，卒業論文の執筆などの理由からサポーティブな立場で団体に関わっていた。また，参加者Ｄは，2017年のワークキャンプで

第Ⅱ部　実践分析

ディレクターを務めた際のことを振り返り，以下のようにも述べた。

　　参加者 D：2017年の夏ワークキャンプ全体的に言えるんですけど，常に次の
　　　　　　　ことを考えていて。それはすごい良くなかったと思っている，と
　　　　　　　いうか，その時にも思っていました。今，この瞬間を見ていなく
　　　　　　　て。次どうするかみたいなことが決まってなかったんです。

　参加者 D は，2017年のワークキャンプでは，プログラムを進めることに注
力するあまり，周りを見渡す余裕がなかったという。そして，ディレクターな
どの団体の中心的な立場につくほどに自身の発言に対するプレッシャーが高ま
り，意見を表出しづらい状況が続いていた。しかし，2018年のワークキャンプ
では，団体内における立場や肩書きから一旦解放されたことにより意見を表出
しやすい状況になったのではないかと当時を振り返っている。このインタ
ビューから見出されるのは，ワークキャンプへの複数回参加者が活動中におけ
る振り返りの機会をもちづらくなる要因として，活動に専心するあまり，立ち
止まって考えるための余裕がなくなることに加えて，団体内における立場や肩
書きが意見の表出を妨げる場合もあるということであろう。しかし，ワークキャ
ンプ複数回参加者には複数回参加者にしか得られない〈ゆらぎ〉を契機とした
学びも存在する。2018年のワークキャンプにおいてサブディレクターの役割で
あった参加者 H は，入居者から差し入れをもらったことについて，以下のよ
うに述べた。

　　参加者 H：この時，改めてこの話が出てきて，大学 1 年生の頃の大船渡の活
　　　　　　　動では全然わかってなかったから，このタイミングである程度解
　　　　　　　釈ができたんちゃうかな。志でやってるんだから物をいただくよ
　　　　　　　うなことではないんですっていうことを。今回の熊本の活動でも，
　　　　　　　こういうことかっていうのをすごい自覚した。

146

第**6**章　ワークキャンプにおける複数の役割経験から生じる〈ゆらぎ〉の意義

　参加者 H は筆者と同じく，2011年（大学 1 年生時）から団体に関わっており，同時期に，岩手県大船渡市における被災地復興支援ワークキャンプにも参加してきた。そして，それぞれのワークキャンプにおいて，一般参加者，スタッフ，ディレクターといった複数の役割を経験してきた。さらに，大学を卒業し，就職した後も団体に継続的に関わり，特に，2017年以降はディレクターを支える立場としてワークキャンプに関わってきた。

　また，参加者 H にインタビューを行った2020年は，令和 2 年 7 月豪雨が発生し，熊本県を中心に大きな被害がもたらされた年であった。さらに，同時に，新型コロナウイルスの感染拡大が危惧されていたこともあり，ボランティア活動そのものについての〈ゆらぎ〉が生まれていた時期でもあった。参加者 H は，熊本での現地の活動に直接参加することはできなかったが，WILL において様々な情報を見聞きし，ボランティア活動のあり方についてメンバーとともに検討を重ねることで自身のボランティア観を深めたという。参加者 H の学びのプロセスを抽象化すれば，初めての被災地でのボランティア活動において生じた〈ゆらぎ〉が，その後の邑久光明園や大船渡におけるワークキャンプのスタッフやディレクターを務めた経験，さらに，社会人としてサポーティブにワークキャンプに関わり続けた経験や，熊本など他の被災地での活動のあり方を検討する経験を通して，長いスパンの中で何度も自身のボランティア観が問い返され，自分なりの答えを見つけるに至ったといえよう。

　筆者自身も，今回のインタビューを通して，改めて，当時のワークキャンプにおいて感じていた〈ゆらぎ〉が思い起こされ，ボランティアとはどうあるべきかという問いに立ち返ることとなった。当時は，自分たちの行動が相手にどのように受け取られるのか，という点にばかり注目していたが，自分たちがどのような考えでボランティア活動を行っているのかということを相手にしっかりと理解してもらうことも大切なのではないか，ということを改めて考えさせられた。参加者 F，D，H と同じく，筆者自身にとっても，このインタビューは，自身の〈ゆらぎ〉に向き合うきっかけとなったといえる。

第Ⅱ部　実践分析

第3節　複数の役割経験から生じる〈ゆらぎ〉の可能性

1.〈ゆらぎ〉を意味づける「まなびほぐし」の意義

　ワークキャンプへの参加の位置を観点として，参加者 F，D，H の学びの連関的な構図，すなわち，レイヴとウェンガーがいうところの「学習の軌跡」(Lave & Wenger, 1991, p.11 = 佐伯訳, 1993, p.11）を示したものが図 6 − 1 である。ディレクターズ・コミュニティは，ワークキャンプのディレクターとサブディレクターから構成され，ワークキャンプの方針決定に関わる集合体を表している。また，スタッフ・コミュニティは，主にワークキャンプ複数回参加者からなる係ごとの担当者（例えば，備品係，保健係など）からなる集合体を意味している。ワークキャンプ後半になると，初参加者であってもワークキャンプ中の様々な活動を主体的に担うようになり，こうした枠組みそのものが変容していくのであるが，図 6 − 1 にはワークキャンプ開始時に参加者がどのような立ち位置で参加していたのかが示されている。

　参加者 F は，2016年に初めてワークキャンプに参加し，2017年にはスタッフとしてワークキャンプに参加した。そして，2018年にはディレクターとしてワークキャンプに参加する予定であったが，体調不良のため団体から少し離れた状態でワークキャンプに参加することとなった。また，参加者 D は，2015年の冬に邑久光明園を初めて訪れ，その後，初めてワークキャンプに参加したのは2016年の夏であった。その後，他の団体のリーダーとしての立場を担いながら2017年にワークキャンプのディレクターを務め，2018年には卒業論文の執筆などの理由から一般参加者としてワークキャンプに参加した。参加者 H は，2011年からワークキャンプに継続的に参加しており，学生時代にスタッフ，ディレクターなどの複数の経験を重ねた後，社会人となってからもサポーティブにワークキャンプに関わり，特に，2017年以降はディレクターを支える立場でワークキャンプに参加していた。

148

第6章 ワークキャンプにおける複数の役割経験から生じる〈ゆらぎ〉の意義

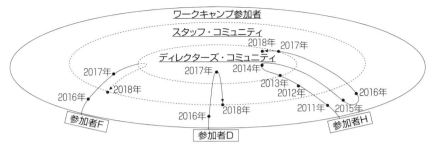

図6-1 ワークキャンプへの参加の位置を観点とした学習の軌跡

　参加者Fは，2018年において，メンバーへのふとした呼び掛けから自身のこれまでの成長と理想的なリーダー像に関する〈ゆらぎ〉を経験した。また，参加者D，Hは，入居者に差し入れをもらったことをきっかけに自身のボランティア観を問い直すこととなった。しかし，実践現場では，参加者Fが「ずっと走り続けていたみたいな感覚」とたとえていたように，活動に没頭すればするほど振り返りの時間がとりづらくなるといったジレンマがあった。また，参加者Dが自身の肩書きや立場によって発言のしづらさを感じていたように，参加者が活動に関わる立場によっては，自身の学びを他者との相互作用の中で振り返りづらいということもあったようだ。

　河村らは，福祉教育実践における学習者の〈ゆらぎ〉の受け止め方として「批判・反発」と「困惑」という2つの反応の型を示したが（河村・諏訪・原田，2002, pp.165-166），今回取り上げた参加者F，Dの場合，活動中には〈ゆらぎ〉を受け止める余裕がなく，〈ゆらぎ〉を意識的または無意識的に留保する状況が生じていた可能性が示された。そして，こうした〈ゆらぎ〉を意味づけるプロセスとして，参加者F，Dが経験した「学習の軌跡」，すなわち，スタッフやディレクターといった経験を積み重ね続けるだけでなく，一度，そうした役割から解放されるような「まなびほぐし」のプロセスが，ワークキャンプにおける主体形成過程においては重要な意義をもつのではないだろうか。

第Ⅱ部　実践分析

2．〈ゆらぎ〉によって促進される学びのダイナミクス

　参加者F，D，Hのように，ワークキャンプには様々な経歴のメンバーが参加している。そのような多様なメンバーがワークキャンプ内外での経験を重ねながら自身の思考と行動を問い直し，再構成していく。さらに，こうして形作られた参加者Fのリーダー観や参加者D，Hのボランティア観は，ワークキャンプにおける相互作用を通して他のメンバーにも影響を与え，ワークキャンプ参加者全体における共通認識を作り上げ，また，新たな学びと実践の意味を生み出していく。

　筆者は，参加者Fが力仕事の募集を男性メンバーに限定した際に違和感を感じたメンバーの一人であったが，これは，過去のワークキャンプでも同じような場面にスタッフとして遭遇し，そこでの議論に参加した経験があったからである。このように，一つの事例をとっても，ワークキャンプにおいて複数の役割経験をもつメンバーと，初めてワークキャンプに参加したメンバーとでは，その意味の解釈は異なりうる。また，今回実施したインタビュー調査において，参加者E，C，Gは，自身の〈ゆらぎ〉というよりも他者に関心をもって参加していたという。

　　参加者E：結構，高校生は，いろいろ悩んでる子とか，独特な子とかもいるのかなって思ってたんで，そういう子が自由にいれたらいいなと思っていました。

　　参加者C：最初は利己的な目的で来てるわけじゃん。自分が変わりたいと思って。でも，今度は相手の変化に対しての興味っていうふうに変わっていってるのかもしれない。

　　参加者G：偉そうにみえるかもしれないですけど，ディレクターの2人をすごく応援したかった。私がディレクターをやっていた時の参加者

Eと，今ディレクターをやってる参加者Eの成長感というか。
すごいなと思いました。その時はそこら辺に目が向いていました。

　2018年のワークキャンプにディレクターとして参加していた参加者Eは高
校生参加者のことを気にかけており，複数回参加者である参加者Cも自身よ
りも他者の変化への興味をもってワークキャンプに参加していた。また，サブ
ディレクターであった参加者Gはディレクターを支えることを目的として
ワークキャンプに参加していたという。ワークキャンプに複数回参加している
メンバーは，ワークキャンプ内における複数の役割経験の中で〈ゆらぎ〉を経
験しながら，自身の学びだけでなく他者の学びや活動を支えることへの関心を
深めていくようである。多様な〈ゆらぎ〉を経験してきたワークキャンプ複数
回参加者が他の参加者に関わっていくことで，杉万俊夫がいうところのそれぞ
れの異質な「かや」(杉万, 2013)を相互に変容させていく。このようにして，
ワークキャンプにおける学びのダイナミクスを促進していくところに，複数の
役割経験から生じる〈ゆらぎ〉の意義があるのではないだろうか。

3．異なるフィールドの学びを交差させるワークキャンプの可能性

　役割の変化を伴うワークキャンプ複数回参加者の〈ゆらぎ〉を契機とした「ま
なびほぐし」のプロセスから，以下の3点を指摘することができるのではない
だろうか。
　一つは，〈ゆらぎ〉を意味づける「まなびほぐし」は，当該ワークキャンプ
の最中あるいは事後直近のプログラムではなく，一定の期間を空けて，その役
割から解放された状況下において生まれるのではないかということである。
ワークキャンプにおける毎晩の振り返り，ワークキャンプから1〜2週間後に
実施される事後プログラムにおける振り返りは，そのワークキャンプ中の〈ゆ
らぎ〉を意味づけるという点では大きな意義があろう。しかし，ワークキャン
プを通して，参加者が地域・社会づくりあるいは新しい活動の主体になってい

第Ⅱ部　実践分析

くという中長期的な観点から捉えると，そうした振り返りの機会だけでなく，ワークキャンプに参加した経験を相対化しつつ総体として意味づけていくような場も求められる。

　もう一つは，その具体的な方法として，複数回のワークキャンプにおいて異なる役割を経験してきた参加者同士による相互のインタビューやワークショップが有効なのではないかということである。今回のインタビュー調査は，ワークキャンプで複数の役割を経験してきた筆者によるワークキャンプ経験者へのインタビュー，いわば，ピア・インタビューであった。調査ではあったが「まなびほぐし」の場になったようにも思える。潜在化した〈ゆらぎ〉およびその意味が掘り起こされるには，経験を共感しえる仲間の中での対話が重要になるが，「まなびほぐし」の促進・阻害要因について研究することも今後の課題となるだろう。

　そして，最後に，参加者Hが異なるフィールドのワークキャンプの経験を重ね合わせながら自身のボランティア観を振り返っていたように，異なるフィールドのワークキャンプに異なる役割をもって参加することが，〈ゆらぎ〉を意味づける「まなびほぐし」を生み出していく上で重要な意義をもつのではないかということである。こうした複数のワークキャンプを組み合わせた実践・研究は，ワークキャンプにおける単一のフィールドに限定された主体形成過程から，地域・社会づくりにおける主体形成過程への接合点を探る上での糸口にもなりうると考えられる。

　ここまで，第4章から第6章まで，ワークキャンプにおける〈ゆらぎ〉の意義について考察を進めてきた。第7章ではワークキャンプにおける〈ゆらぎ〉の学習論の特徴を改めて整理することで，ワークキャンプのサービス・ラーニングとしての意義と課題について考察を行う。

第Ⅲ部

考察・補章

第7章

ワークキャンプのサービス・ラーニング
としての可能性

第1節　ワークキャンプの学習論としての〈緩やかで断続的なゆらぎ〉

1．自己と世界の結節点において生じる〈ゆらぎ〉

　ここまで，ワークキャンプにおける〈ゆらぎ〉について分析を進めてきた。これまでに得られた知見を整理すると，ワークキャンプにおける〈ゆらぎ〉の学習論の特徴は，その多様性と受容プロセスにあるといえよう。第5章で述べたように，ワークキャンプ参加者は，多層多元的な学習構造の中で多様な〈ゆらぎ〉を経験していた。具体的には，〈ボランティア活動〉〈社会課題〉〈ハンセン病問題〉といった複数の概念に関する〈ゆらぎ〉に加え，〈自己の自律性〉〈自己の自主性〉〈自己の行動の社会的意義〉〈自己概念〉〈自己と他者の親密性〉といった「心理・社会的危機」（Erikson, 1959 = 西平・中島訳, 2011）に関連する多様な〈ゆらぎ〉を経験していた。このような「心理・社会的危機」に関連する多様な〈ゆらぎ〉が見出されたという点は，ワークキャンプが主として青年期の若者を対象としたボランティア活動であり，参加者が地域における具体的な活動や交流を通して，自身の関心や学び，生き方について問い直していくといった学びのプロセスを重視するという特徴から生じたものだと考えられる。

　ボランティア活動における学びをスピリチュアリティの涵養の観点から分析した村上祐介は，学生へのインタビュー調査を通して，ボランティア活動に参加した学生が，他者との相互作用を通して，これまでに有していた考えや視点

155

第Ⅲ部　考察・補章

を相対化し，拡張していくのではないかといった考察を行っている。ここで，スピリチュアリティは，「『大きな問い』について思慮する心の働き，すなわち，『自己，世界，超越的存在の在り方や，生の意味，死や愛，価値など人生の根本的な問題について考える能力』」（村上, 2015, p.65）と定義されている。

　本書では，第5章において，ワークキャンプ初参加者の〈ゆらぎ〉の分析を行ったが，ワークキャンプ初参加者は，他者との相互作用の中で，多様な〈ゆらぎ〉を生み出し，行動場面を拡張していた。すなわち，ワークキャンプにおける〈ゆらぎ〉の意義は，参加者が多層多元的な活動を通して，多様な〈ゆらぎ〉を経験し，そうした〈ゆらぎ〉を積み重ね，行動場面を拡張していくことで，「自分とは何者か」「どう生きるべきか」といった「心理・社会的危機」を含むスピリチュアリティに関連した「大きな問い」に接近していく可能性があるということなのではないだろうか。

　エリクソン（E. H. Erikson）は，「心理・社会的危機」について「人間が繰り返し乗り越えてゆく内側・外側の葛藤」（Erikson, 1959 = 西平・中島訳, 2011, p.46）であると述べている。「自分とは何者か」「どう生きるべきか」といった問いは自己と世界の結節点において生じるということであろう。すわなち，スピリチュアリティに関連する「大きな問い」は，より根源的な次元における学習者と世界の関係の問い直しを意味すると考えられる。河村美穂，諏訪徹，原田正樹は，福祉教育実践における学習者の〈ゆらぎ〉を考察し，学習者の〈ゆらぎ〉の意義について以下のように述べている。

　　ゆらぎ続ける中で，つまり自身への問いを繰り返していくうちに対峙する問題を取り巻く社会の仕組み，社会全体の構造がみえてくる。当初は学習者自身にとっての問題だとしても，ゆらぎ続ける中でその問題の社会的な意味を問うことになり，対峙する問題の広がりを認識できるようになるのである。このような個の問題から広がりのある社会問題への視点の拡大こそが，単なる社会福祉問題の認識ではなく，社会福祉問題と私との切り結びということ

第7章　ワークキャンプのサービス・ラーニングとしての可能性

である。(河村・諏訪・原田, 2004, p.174)

　ここでは, 「自分とは何者か」「どう生きるべきか」といった〈ゆらぎ〉の意
義が, 学習者と社会課題の「切り結び」⁽¹⁾という観点から述べられている。河村
らは, 学習者と社会課題の「切り結び」について, 「自身の内側に(問題を)取
り込み自分への問いを持つことができた状態が, 対峙する問題との切り結びが
起こったということである(括弧内筆者)」(同上, p.171)と述べ, こうした「切
り結び」が生じるためには, 学習者が「引っかかり」をもつ学習素材が必要だ
と考察している(同上, p.173)。また, 「切り結び」の概念は, 「福祉教育におけ
る学習者の身体性──知識学習から行動への変容過程の解明のために」(中根,
2006)という論文においても検討されている。中根真は, 「切り結び」の概念
について, 学習者と学習素材の関係を「知的理解・知的関心レベルで捉え」(同
上, p.188)た概念だと批判した上で, 「身分け」と「身知り」の概念を引用し,
身体性をベースとした学習論の意義について論じている。

　ここで, 「身分け」と「身知り」とは, 哲学者・身体論者である市川浩によっ
て生み出された概念である。市川によれば, 「身分け」とは, 「身によって世界
が分節化されると同時に, 世界によって身自身が分節化されるという両義的・
共起的な事態」(市川, 1993, p.188)を表す言葉であり, 「身知り」とは, 「〈身分
け〉による認識を, 身のさまざまのレヴェルにおいて"身をもって知る"」(同
上, p.189)ことを意味する。高萩盾男は, 市川の「身分け」の概念をボランティ
ア活動における主体性の発露を表すために援用し, 「他者の辛さ, 痛みを自己
にとりいれることは, 『身分け』にほかならない」(高萩, 1996, p.15), 「身体は身
分けにより外部の意味をとりいれ, 内部に価値を自己組織化していく。身体は
内臓の震えを原点とし, 身分けによってボランティアの価値を自己組織化して
いる」(同上, p.16)と述べ, ボランティア活動の本質を身体性の観点から捉え
直した。中根は, 福祉教育実践において, 学習者が他者の課題を自分ごととし
て受け止めていくプロセスを分析する上で, こうした「身分け」の概念を用い

157

第Ⅲ部　考察・補章

て実践を捉える意義と可能性を示した（中根, 2006）。

　高萩あるいは中根によって述べられていたように，他者の抱える課題を自分ごととして受け入れることは「痛み」を分け合うことでもある。第 5 章において，ワークキャンプ初参加者であった参加者 B が，入居者との交流会の場面で感じていた「相手が聞かれたくないことを聞いてしまうのではないか」といった不安の背景には，相手に「痛み」を与えたくないという思いとともに，参加者 B 自身が相手の「痛み」に踏み込みたくない，すなわち，自身が傷つきたくないといった心情も働いていたのではないだろうか。

　河村らは，学習者の〈ゆらぎ〉の受け止め方として「批判・反発」と「困惑」という 2 つの反応の型を示している（河村・諏訪・原田, 2002, pp.165-166）。ここでの「批判・反発」は，〈ゆらぎ〉に対する防衛機制だと考えられよう。河村らは，学習者が〈ゆらぎ〉を自分ごととして捉えていくためには，〈ゆらぎ〉が「小さなゆらぎ」（同上, p.167）となって長く続いていくことが必要だと述べ，「過度に強い異質性や非日常性は学習者が自分との接点を見出すことをかえって妨げる」（河村・諏訪・原田, 2004, p.174）と結論づけた。

　しかし，こうした結論は，学習素材の選定が教師に委ねられている学校教育における福祉教育実践から導かれたものであり，ワークキャンプにおける〈ゆらぎ〉の受容プロセスを検討していく上では，むしろ，ボランティア活動先のフィールドで出合う強い異質性や非日常性から，学習者がどのようにして〈ゆらぎ〉を緩やかに意味づけていくことができるのか，すなわち，どのようにして一定の時間枠の中で他者が抱える課題を自分ごととして受け止めていくことができるのかといった問いを立て，考察を行う必要があるのではないだろうか。以下項を改め，ワークキャンプにおける〈ゆらぎ〉の受容プロセスの意義と構造について考察を行う。

2．〈緩やかで断続的なゆらぎ〉を生み出すワークキャンプの特徴

　本書では，第 6 章において，役割の変化を伴うワークキャンプ複数回参加者

の〈ゆらぎ〉を契機とした「まなびほぐし」のプロセスについて分析を行った。そこでは，ワークキャンプ参加者が，当該ワークキャンプの最中あるいは事後直近のプログラムではなく，一定の期間を空けて，その役割から解放された状況下において〈ゆらぎ〉を意味づけていくといったプロセスが見出された。このような複数回のワークキャンプへの参加を通して生じる一連の〈ゆらぎ〉のユニットを本書では〈緩やかで断続的なゆらぎ〉という言葉で表す。

　〈緩やかで断続的なゆらぎ〉は，河村らが述べる「小さなゆらぎ」とは異なり，その〈断続性〉に特徴がある。各ワークキャンプの参加を通して生まれる〈ゆらぎ〉は，日常への回帰以後，連続的に残存するのではなく，ある段階で一定の収まりをみせる。〈ゆらぎ〉は何らかの形で日常生活に適合しえる態度・行動に収まり，いわば潜伏する。しかし，次のワークキャンプや振り返りなどの他の学習場面において再び増幅され，〈ゆらぎ〉が再起する。

　そもそも，ワークキャンプは，一定期間，現地に泊まり込んで活動を行うという特徴をもつプログラムである。これは，ある種，ワークキャンプという実践が，学習者の日常から切り離された体験であるということを意味している。したがって，第6章において，参加者Fや参加者Dが経験したように，ワークキャンプやその事前準備に関わらない期間が続いた場合，ワークキャンプ参加者にとって，そうした期間は〈ゆらぎ〉の潜伏期間となりえる。複数回ワークキャンプに参加する場合には，〈緩やかで断続的なゆらぎ〉の中で「まなびほぐし」が生まれるということである。[3]そのプロセスを概念化したものが図7－1である。

　また，参加者Fや参加者Dが〈ゆらぎ〉を意味づけていくプロセスにおいて，もう一つの重要な要素として考えられるのは，ワークキャンプに異なる役割をもって参加するということであった。参加者Fや参加者Dの場合，2016年や2017年のプログラムで運営に深く関わる立場を経験した後，2018年のワークキャンプでは事前準備などには参加せず，いわゆる周辺的な立場で参加していた。そして，その折に，過去の〈ゆらぎ〉が再起し，その積極的な意味や可

第Ⅲ部　考察・補章

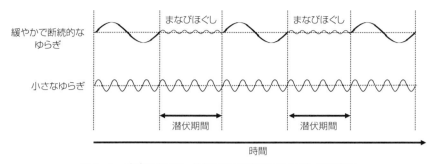

図7-1　本書における〈緩やかで断続的なゆらぎ〉の概念図

能性を考えるきっかけを得たということだった。また，2018年のワークキャンプにサブディレクターとして参加していた参加者Ｇも，2017年のワークキャンプで自身がディレクターを務めていたことを振り返り，迷いながら進めていたワークキャンプにおけるマネジメントの技法について，改めて整理・反省する機会を得ていたようだ。時には，周辺的な立場としてワークキャンプに参加する，あるいは，異なる役割をもってワークキャンプに参加するといったように，様々な立場でプログラムに参加できるプログラムの〈多層性〉もワークキャンプにおけるプログラムの特徴であり，〈緩やかで断続的なゆらぎ〉を生み出していくための重要な要素といえよう。

　さらに，経験を共感しえる仲間との対話も〈緩やかで断続的なゆらぎ〉を生み出していく上で重要な要素となる。第６章では，筆者が行ったインタビュー調査自体が，互いの「まなびほぐし」を促進するピア・インタビューであったという考察を行ったが，これは，いわば〈ゆらぎ〉の受容プロセスのコアに位置づく学習論の考察であった。しかし，〈ゆらぎ〉を受け止める初発のプロセスにおいても，対話は重要な意味をもつ。ボランティア活動では，時折，何のために活動をしているのかといった大きな〈ゆらぎ〉を突きつけられることがある。以前，筆者が関わるボランティア活動先のフィールドにおいても，あるメンバーが，地域住民から，親からお金をもらっている大学生がわざわざボラ

第7章　ワークキャンプのサービス・ラーニングとしての可能性

ンティア活動なんてしなくていいという言葉を投げかけられ，ショックを受けてしまうということがあった。また，これほど直接的な場面でなくとも，活動が思うようにいかない時あるいは地域住民とのミスコミュニケーションが生じた時など，活動の意義自体がゆらいでしまう場合がある。こうした〈ゆらぎ〉を受け止めるには，第6章のエピソードにおいて，ボランティアとはどうあるべきかという問いについて集団で話し合いを行っていたように，集団内の対話的関係から生じる〈多声性〉が重要な意義をもつ。個人では受け止めきれない〈ゆらぎ〉でも，集団としてその意味を問うことで，活動の展望を見出していくことができるということである。また，ここでの〈多声性〉はワークキャンプにおける〈ゆらぎ〉をその場で意味づけるというだけではなく，そのテーマをめぐる議論の多様性を踏まえることで〈ゆらぎ〉の〈断続性〉を担保するという意味ももっている。[5]

第2節　ワークキャンプにおける〈ゆらぎ〉の学習論のもつ意義

1.〈ゆらぎ〉の個人モデルから相互作用モデルへ

　本書における〈ゆらぎ〉の概念を規定するにあたり，はじめに引用したのは尾崎新の〈ゆらぎ〉概念であった。尾崎は『「ゆらぐ」ことのできる力』（尾崎編, 1999）において，社会福祉の現場において，時に混乱や危機を伴いながら生起する学びの契機を〈ゆらぎ〉という概念で捉えた。尾崎が定義した〈ゆらぎ〉の概念を以下に示す。

　　「ゆらぎ」は，①システムや判断，感情が動揺し，葛藤する状態である。また，②「ゆらぎ」は，混乱，危機状態を意味する側面ももつ。しかし，③「ゆらぎ」は，多面的な見方，複層的な視点，新たな発見，システムや人の変化・成長を導く契機でもある。（尾崎, 1999, p.19）

161

第Ⅲ部　考察・補章

　尾崎は〈ゆらぎ〉をこのような概念として捉え，「私たちは『ゆらぎ』との直面をどのように判断や決断，あるいは発見や創意工夫に発展させることができるのだろうか」（同上, p.30）という問いを立て，考察を行った。尾崎は，『「ゆらぐ」ことのできる力』の終章において，〈ゆらぎ〉を援助に活用するための方法として，以下の8つの段階（同上, pp.307-321）に分けて整理している。

　1．「ゆらぐ」自分をいたずらに否定しない。できれば，肯定する
　2．「ゆらぎ」と向き合う
　3．「ゆらぎ」を眺望する
　4．他者の助言を求め，「ゆらぎ」に翻弄されない／多面的視点とゆとりをいっそう確保する
　5．関わりにおける他者性を再確認する
　6．「ゆらぎ」とは別の見方・感情を加えて，援助の進め方を再検討する
　7．「ゆらぎ」から学んだことをクライエントに伝える
　8．「ゆらぎ」の経験を通して，社会の仕組み，構造を見通す

　以上の整理からもわかるように，尾崎は，「『ゆらぐ』ことのできる力」を社会福祉における援助者のもつべき専門性，すなわち，個人の能力として捉えている。しかし，〈ゆらぎ〉を受け止め，意味づけるという行為を個人の能力による産物として捉えることにどれだけの意味があるのだろうか。専門職ですら，例えば，ケース会議のように，他者との関係の中で〈ゆらぎ〉を受け止めているのではないだろうか。

　近年，「正統的周辺参加」（Lave & Wenger, 1991 = 佐伯訳, 1993）や「拡張的学習」（Engeström, 2015 = 山住訳, 2020）といったいわゆる状況論への注目が高まっている。こうした背景には，人間の学びは，学習者個人の頭の中だけではなく，他者と協働関係にある「状況」の中で生じているという考え方がある。社会福祉の現場における学びについても，そして，ワークキャンプにおける学びにつ

いても，個人の力で〈ゆらぎ〉を受け止めるのではなく，「状況」が〈ゆらぎ〉を喚起し，他者との相互作用の中で〈ゆらぎ〉が受け止められると捉えるべきであろう。

　本書で考究してきたのは，ワークキャンプ参加者がワークキャンプを通して〈ゆらぎ〉を受け止め，意味づけていくための学習論，すなわち，学習者が他者との相互作用の中で〈ゆらぎ〉を受け止め，意味づけていくための学習論であった。〈緩やかで断続的なゆらぎ〉を特徴とするワークキャンプは，ワークキャンプへの多様な立場での参加を可能にする〈多層性〉，対話的な関係によって担保される〈多声性〉によって促進される〈ゆらぎの相互作用モデル〉ということができよう。ワークキャンプにおける〈ゆらぎ〉は，学習者個人の頭の中ではなく，他者との相互作用の中で生じているということである。

　しかし，ここでの他者はワークキャンプ参加者に限定されるものではない。当然，地域住民やフィールドでの生活者あるいは定住的に活動している人々も含まれる。以下では，そうした人々との関わりの観点から〈ゆらぎ〉の意義とワークキャンプの可能性を考察する。

2．互恵的な関係を構築するワークキャンプの可能性

　筆者が2011年に国立ハンセン病療養所「邑久光明園」でのワークキャンプに関わり始めてから約13年半になる。この期間の中で，筆者の所属するWILLと邑久光明園との関係も少しずつ変化してきた。WILLは，2007年，その前身の組織である「ぽらばん」の頃より，邑久光明園入所者自治会との緊密な関係の中で活動を行ってきた。そして，2014年度以降は，毎年，年度をまたぐ合宿を行い，次年度以降の活動計画を検討する会を設けている[7]。この検討会には，入所者自治会のみならず，園長をはじめとする園の職員も参加している。こうした場を通して，双方の意見が交わされ，様々な活動が展開されてきた。

　この検討会を通して実施されるようになったプロジェクトの一つである「こみょたん玉づくりプロジェクト」では，陶芸クラブの人々に，陶芸作品の作り

第Ⅲ部　考察・補章

方を手取り足取り教わりながら，多くの「こみょたん玉」を作成してきた。また，「心の風景ジオラマづくりプロジェクト」では，個別のヒアリングやジオラマお披露目会を通して，当時の思い出話とともに，「ここは昔はこうやったんよ」「ここはちょっとおかしい」といった様々な意見をもらうことで，邑久光明園の昭和30年代の思い出の風景を再現することができた。さらに，2021年度末からは，邑久光明園内の獣害被害が大きくなったことを受けて，「獣害対策プロジェクト」が行われている。活動の支援者である入所者自治会の会長からは，「しっかりせえよ」「怪我せんようにな」という温かい言葉や，時には叱咤激励を受けながら，ワークキャンプに取り組んできた。

　東日本大震災の被害を受けた岩手県大船渡市赤崎町での活動においても，2011年４月に実施したワークキャンプを起点として赤崎地区公民館とつながり，住民有志の組織である「赤崎復興隊」のメンバーをはじめ，地域住民との協働関係の中で活動が取り組まれてきた。まちづくりワークショップである「赤崎復興隊の集い」(2012年11月〜)は，月に１回，多い時には月に２回のペースで開催され，学生もサポーターとして参加しながら，「赤崎未来予想図」「赤崎復興のまちづくり宣言」といった住民主体の復興計画を作り上げてきた。また，地域の祭事である「お天王さま」(2012年７月〜)や「町民運動会」(2013年10月〜)では，学生が地域の若衆となって行事を盛り上げた。さらに，2014年度以降は，「赤崎復興隊」のメンバーとともに，地域の活性化を目的として開催される「赤崎復興市」(年に４〜５回実施)に屋台を出店し，地域の小中高生や学生も交えながら活動を展開している。

　こうした活動を振り返ると，ワークキャンプを起点として，地域住民やフィールドでの生活者あるいは定住的に活動している人々との協働関係の中で，様々な活動が展開されてきたことがわかる。ワークキャンプを積み重ねることで生み出されたプロジェクトは，ボランティアをする／されるといった二項対立的な関係を回避してきたといえよう。

　ワークキャンプの研究を行う西尾雄志も学生ボランティアが地域住民と構築

164

第7章　ワークキャンプのサービス・ラーニングとしての可能性

する関係について考察している。西尾は，ボランティアのもつ贈与性が相手に
負い目を与え，支配─服従関係へと転化する危険性を指摘した。そして，そう
した関係を回避する例として，東日本大震災の復興支援活動時に，地元の漁師
がボランティアとして漁具の回収を手伝ってくれた学生に対して発した「絶対
復興して，うまい牡蠣を食わせてやるから，かならずこの港に帰って来い！」
という発言について考察している。西尾によれば，ボランティアをする／され
るという非対称的な関係が対等な関係に向かうためには，学生のもつ「知識の
不足や経済力のなさなどの劣位性」が重要な意味をもつ。つまり，「学生ボラ
ンティアの『劣位性』が『被災者』としての『劣位性』を，『海に生きる漁師』
としての『優位性』に転化させた」（西尾, 2015a, p.38）という。

　しかし，西尾のいうように，学生ボランティアのもつ劣位性によって，地域
住民の優位性が高まったとしても，はたして，それだけで両者の対等な関係が
形成されるといえるのだろうか。学生がもつ劣位性に傾注することで，逆に，
地域住民が学生ボランティアをお世話するといった非対称的な関係が生まれて
しまうことにはならないのであろうか。⁽⁹⁾

　本書の対象であるワークキャンプは，こうした課題を意識しつつ，劣位性と
優位性の均衡関係が保たれることによって互恵的な関係を生み出そうとする実
践である。第1章で検討したように，サービス・ラーニングにおいて目指され
る互恵的な関係とは，相互にエンパワメントを促進していく関係であり，フレ
イレ（P. Freire）が述べるところの対話的関係であった。

　フレイレの識字教育実践では，学習に用いる「生成語」の選定に大きな注意
が払われる。ここで，「生成語」とは，民衆の間に広く用いられ，民衆の生活
と労働の現実に密接に結びついた言葉や言い回しの中から抽出された単語を意
味する。対話的関係を構築する上で重要な役割を果たす「生成語」は，そこに
集まるすべての民衆（学習者）にとって身近なテーマであり，調整者（教育者）
と民衆（学習者）を媒介する機能をもつことが求められる（Freire, 1970 = 小沢ほ
か訳, 1979, pp.264-278）。サービス・ラーニングでいえば，解決すべき共通の地

第Ⅲ部　考察・補章

域・社会課題がこうした媒介機能を果たすものだと考えられよう。

　以上のような前提に立った場合，互恵的な関係を構築するにあたっては，ボランティアする側とされる側が互いの地域・社会課題を共通化していくこと，すなわち，互いに他者の抱える問題を自分ごととして受け入れていくプロセスが重要だと考えられる。金子郁容は『ボランティア──もうひとつの情報社会』の中で，他者の抱える問題を自分ごととして受け入れることが，ボランティアを「バルネラブル（vulnerable）」な状態にすると述べる（金子, 1992, p.112）。そして，「バルネラブルであるということは，弱さ，攻撃されやすさ，傷つきやすさであるとともに，相手から力をもらうための『窓』を開けるための秘密の鍵でもある」（同上, p.124）と述べる。サービス・ラーニングにおいて求められる互恵的な関係とは，学生（生徒）と地域住民やフィールドでの生活者あるいは定住的に活動している人々が，相互に，金子のいうようなバルネラブルな状態になることを表しているのではないだろうか。

　本書では，〈ゆらぎ〉に注目して，ワークキャンプ参加者および参加者集団がバルネラブルな状態になることを論じてきた。ワークキャンプの本質は，こうした互いのバルネラビリティを高め合うことにあるのではなかろうか。すなわち，ワークキャンプ参加者のみならず，ワークキャンプを取り巻く多様な人々もまた，ワークキャンプを通じて〈ゆらぎ〉を経験し，バルネラブルな状態になることが期待される。そして，他者との相互作用の中で緩やかに〈ゆらぎ〉は受け止められ，「まなびほぐし」のプロセスを経て，実践に関わる人々の意識・行動変容を通して互恵的な関係が構築されていくということである。

　本書で示したワークキャンプにおける〈ゆらぎ〉の学習論のもつ可能性は，あくまでも一つの仮説に過ぎない。しかし，これまで，省察（reflection）と互恵（reciprocity）が鍵概念であるとされてきたものの，教育効果を高めるためのカリキュラムや教育方法の分析が先行してきたサービス・ラーニング研究において，そこでの学びの内実を問う必要性を示し，省察と互恵を結びつけた学習論を仮説的に示したことは，一定の意義をもつのではないだろうか。第8章

166

では，ここまでの考察を踏まえた上で，コロナ禍という未曾有の状況下における
ワークキャンプの学習論のもつ意義について改めて考察を行う。

注

(1) 「切り結び」は，大橋謙策による福祉教育の概念規定の中に示され，福祉教育の
　　鍵概念とされる概念である（大橋，1986, p.113）。

(2) ボランティア活動における主体性の発露には，「痛み」を分け合うほかにも，悲
　　しみに寄り添う，怒りに呼応する，喜びを分かち合うといったプロセスも考えられ
　　よう。ボランティア活動先のフィールドがどのような場であり，どのようなフェー
　　ズにあるのかによって，そこで生起する「身分け」のプロセスも異なるということ
　　である。

(3) ワークキャンプに参加後，息つく暇もなく次回のワークキャンプの準備にとりか
　　かるような日常生活がワークキャンプとなってしまっている状態では，〈緩やかで
　　断続的なゆらぎ〉は生じえないと考えられよう。

(4) ワークキャンプ（いわゆる組織的なキャンプ）では，一般的に，キャンプ長であ
　　るキャンプディレクター，プログラムの進行を担うプログラムディレクター，事務
　　や安全管理，健康，食事といった側面を担うマネジメントディレクターの役割が置
　　かれる（松田，1978, p.85）。

(5) 〈ゆらぎ〉の意味を断定的に結論づけないことによって，一旦潜伏した〈ゆらぎ〉
　　が，学習者の内面および集団内の議論の俎上に再起するための土壌をつくるという
　　ことである。

(6) 東日本大震災の被災地の場合には市やNPOの職員，福祉施設の場合には施設職
　　員など，活動先のフィールドには地域住民の他にも多様な人々が存在している。

(7) 2020年3月以降は新型コロナウイルス感染症の影響で実施できていない。

(8) 「獣害対策プロジェクト」は，NPO法人里地里山問題研究所（以下，「さともん」
　　という）が請け負っている。WILLには「さともん」のメンバーも数名所属してお
　　り，「さともん」が活動を行う際には，WILLメンバーもボランティアとして数名
　　参加している。

(9) 例えば，山口健一は，被災地支援ワークキャンプが地域住民に与えた影響につい
　　てインタビュー調査を基に考察している。山口は，ワークキャンプ参加者に対して
　　返礼を行うという行為が地域住民の負担となり，復興活動に支障を及ぼしてしまう

第Ⅲ部　考察・補章

といったジレンマを「返礼のジレンマ」として概念化している（山口, 2020, pp.109–110）。

⑽　筆者が関わるワークキャンプでは，ディレクターを務める学生が活動先のフィールドとの連絡・調整を担ってきた。そうしたプロセスを通して，連絡・調整を引き受ける地域住民やフィールドでの生活者あるいは定住的に活動している人々が，学生の身を案じるようになり，現代の若者を取り巻く現代的課題に関心を寄せるということもあった。

⑾　具体的には，学生（生徒）だけでなく，教師，保護者，地域住民やフィールドでの生活者あるいは定住的に活動している人々などが含まれる。

第8章

コロナ禍におけるワークキャンプの学習論のもつ意義

第1節　分析枠組み

1．本章の位置づけ

　新型コロナウイルス感染症は，現代社会に内在する様々な課題を浮き彫りにした。まず，感染者および医療従事者への誹謗中傷や差別・偏見，県外ナンバー車への嫌がらせ行為など，自分や自分に近しい人々以外の他者を異質なものとして排除するような社会状況が生じた。そして，そうした異質な人々を管理するために学校や会社の監督責任を問う風潮が高まり，さらには，人々の行動について国や地方自治体がもっと管理を強めるべきだという意見さえ聞かれるようになった[1]。昨今のいわゆるコロナ禍にあっては新型コロナウイルス感染症の感染拡大という社会不安を背景として，このような「排除型社会[2]」および管理主義的なディストピアの兆候が顕在化することとなった。また，別の感染症が流行した際，あるいは戦争等有事の際にも，同じような状況が繰り返されることは想像に難くない。コロナ禍において発生した異常事態は，新型コロナウイルス感染症によって新たに生み出されたというわけではなく，もともと社会に内在していた課題が顕在化したものとして捉える必要があるだろう。

　福祉教育・ボランティア学習の領域では，これまで，歴史的，社会的に疎外されてきた社会福祉問題と学習者との「切り結び」（大橋，1986, p.113）が重要概念として位置づけられてきた。さらに，2000年代以降，社会問題の〈当事者——

第Ⅲ部　考察・補章

非当事者〉という二項対立的な枠組みに囚われるのではなく，「問題の解決に寄与する（すべき）当事者が，いかに形成されるのか」（松岡, 2006a, p.15）という観点から，「当事者性」概念が提起されてきた。ここでの「当事者性」は，「『当事者』またはその問題的事象と学習者との距離感を示す相対的な尺度」（同上, p.18）あるいは「『当事者』またはその問題との心理的・物理的な関係の深まりを示す度合い」（同上, p.18）と定義される概念である。松岡広路は「当事者性」概念を用いた福祉教育・ボランティア学習の定義として，「あらゆるライフステージの，あらゆる身体的・精神的・社会的状況にある人々（子ども・教師・親・ボランティア・福祉サービス対象者・福祉サービス従事者・福祉専門家・教育専門家・政治家）が，ボランタリズムの原則と現実の福祉問題（社会福祉問題だけではなく）を機軸に，互いの当事者性を交差させることによって当事者性を高め深め，その協働関係を文化や社会システムに反映させていくプロセス（下線原文）」（松岡, 2009, p.21）という概念規定を行っている。

　新型コロナウイルス感染症はあらゆる人に影響を与えたという意味において，あらゆる人が新型コロナウイルス感染症をめぐる様々な問題の当事者となった。しかし，そこでの問題の捉え方，問題意識の差は，その人の立場や置かれている状況（例えば，医療・福祉関係者，飲食業・旅行業関係者，基礎疾患の有無，テレワーク環境の有無等）によって異なるものであり，それぞれがそうした個別の状況を相互に理解できない状況が生じていたことが，今回のような社会的分断を生んだ一つの要因だと考えられよう。コロナ禍にこそ，互いの当事者性を交差させることによって，個や集団が緩かに変容していくプロセスが求められていたのではないだろうか。本章ではこうした問題意識のもと，改めて，コロナ禍およびポストコロナ社会におけるワークキャンプの学習論のもつ意義について考察していく。

２．対象とするワークキャンプの概要

　本章では，WILL が2021年に実施したワークキャンプを分析対象とする。

第**8**章　コロナ禍におけるワークキャンプの学習論のもつ意義

1日目	2日目	3日目	4日目	5日目	6日目	7日目
	体操	体操	体操	体操	体操	体操
	園内清掃	ESD開墾ワークキャンプ場整備作業	海岸清掃	海岸清掃	海岸清掃	海岸清掃
	朝食	朝食	朝食	朝食	朝食	朝食
スタートプログラム	海岸清掃	ESD開墾ワークキャンプ場整備作業	海岸清掃	海岸清掃	資料館見学	総合リフレクション
バス移動					海岸清掃	
昼食	昼食	昼食	昼食	昼食	昼食	昼食
設営準備	海岸清掃	海岸清掃	ESD開墾ワークキャンプ場整備作業	海岸清掃	海岸清掃	片付け
海岸清掃				フリータイム	フリータイム	バス移動
入浴	入浴	入浴	入浴	入浴	入浴	
夕食	夕食	夕食	夕食	夕食	夕食	
リフレクション	リフレクション	リフレクション	リフレクション	リフレクション	リフレクション	
明日の確認	明日の確認	明日の確認	明日の確認	明日の確認	明日の確認	

図8-1　ワークキャンプのプログラム概要（2021年）

WILL では，コロナ禍以前より，「当事者性の交差」が生まれる場をいかにして創り出すか，ということをねらいとした実践を組み立ててきた。しかし，2020年以降，新型コロナウイルス感染症の感染拡大によって，地域住民やフィールドでの生活者あるいは定住的に活動している人々との交流がもちづらい状況が生じた。また，団体内のメンバーでさえ，オンライン上でしかコミュニケーションが取れない状況が続いた。現場に出かけることができない，他者と対面で交流することができない状況の中で，「当事者性の交差」が生まれる場を創ることは困難を極めた。

　2020年度は新型コロナウイルス感染症の感染拡大によりワークキャンプを実施することができなかったため，(3) 2021年度のワークキャンプは約2年ぶりの開催となった。ディレクター7名のうち1週間にわたるワークキャンプに参加したことのあるメンバーは筆者を含めて2名であり，さらに，2020年度は新型コロナウイルス感染症の影響によりワークキャンプを含め対面での活動がほとんどできない状態であった。そのため，多くの参加者がワークキャンプを含む対面での活動に慣れない状況の中で実施することとなった。

　2021年度のワークキャンプのプログラムを図8-1に示す。筆者は，このワークキャンプにキャンプの総合責任者であるキャンプディレクターという立場で

第Ⅲ部　考察・補章

関わり，他の6名のディレクターとともに全体の企画・運営に携わった。ワークキャンプの参加人数は29名（うち大学生12名，大学院生5名，社会人9名，子ども3名）であり，男女比は，ほぼ1対1であった。そのうち全日程参加者は17名（うち大学生9名，大学院生3名，社会人4名，子ども1名）であった。

3．研究方法

　コロナ禍のワークキャンプにおける筆者自身の〈ゆらぎ〉の分析を通して，ワークキャンプの学習論のもつ意義について考察を行った。筆者自身の〈ゆらぎ〉の分析にあたっては，エピソード記述の方法を用いた。エピソード記述は，ある人の生の断面を描こうと思い立つ人の背景的な問題意識や，その人の前に立ち現れてきた基本的な問いから，その描き出された生の断面の「意味」を掘り出すことを目的とした質的研究の方法論である（鯨岡, 2005, pp.12-13）。本章では，コロナ禍におけるワークキャンプの中で生じた筆者自身の〈ゆらぎ〉の意味を掘り出すためにエピソード記述の方法論を用いた。

第2節　コロナ禍のワークキャンプにおける筆者自身の〈ゆらぎ〉

　ワークキャンプ5日目の昼食後，休憩の拠点としている広場にはブルーシートと白テントで複数の日陰がつくられており，それぞれが好きな場所でくつろいでいた。この日は，早朝から海岸清掃を行っていたこともあり，メンバーには疲れがたまっている様子であった。メンバーの中には日陰で昼寝をとっている者もいた。この時，筆者は，ワークキャンプのクライマックスに向けて，どのように流れを創っていこうかと考えていた。というのも，このワークキャンプでは，初日，2日目と雨が続き，実際に身体を目一杯動かす活動ができたのは3日目からであり，ワークキャンプならではの一体感が5日目にしては十分に形成されていないという焦りを感じていたからである。

　そろそろ休憩を切り上げ，午後のワークの準備に取りかかろうとしたところ，

172

ベテランメンバーの一人から「休憩時間を延長して一度宿泊施設で休憩した方がよいのではないか」という提案があった。しかし，この日はもともとワークを早めに切り上げる予定であったため，今，宿泊施設に戻って数時間後に帰ってくるよりも，あと数時間だけワークをして早めに切り上げた方がメンバーの気力・体力的には好ましいのではないかと思い，筆者は2つの選択肢の間で悩むこととなった。

　すぐにその場でディレクターズ会議を開き，それぞれのディレクターに「どう思う？」と意見を求めた。そこでは，「確かに疲れているメンバーもいるので休憩時間を長めにとるか，ワークを続けるにしても休憩をこまめにとった方がよいと思います」「一度宿泊施設に帰ってからワークを再開するとしんどいのではないか」など，ディレクターの中でも様々な意見が出された。そして，最終的には，宿泊施設に戻らずワークを続け，早めに切り上げるという方向性で話がまとまった。しかし，筆者は，内心では，まだどちらの選択肢がよいか迷いがあったため，メンバー一人一人に，「体調はどう？　こんな方針でいこうと思うんやけど，あと2時間頑張れるかな？」と聞いて回った。メンバーは「大丈夫です」と答えてくれるものの，キャンプディレクターである筆者からの質問にどれだけ本音で答えてくれているのか，また，同調圧力が働いてはないだろうか，と心配は尽きなかった。ワークキャンプ5日目の午後は，このようなプロセスを経て，「あと2時間だけ気合いを入れて頑張ろう！」「熱中症には十分気をつけよう！」という掛け声のもと，ワークを続けることになった。

　ここで取り上げた場面は，決して珍しいものではなく，夏のワークキャンプではよく起こりうる場面である。しかし，筆者自身，コロナ禍のワークキャンプにおいて最も印象に残っていたのがこの場面であった。以下では，どうしてこの場面が筆者にとって印象に残るものであったのか考察を行う。

　この場面において，筆者は，ディレクターおよびメンバー全員の意見を聞いて方針を決めたのであるが，このプロセスの中で，筆者自身改めて，このワー

第Ⅲ部　考察・補章

クキャンプには，体力も，置かれている状況も異なるメンバーが参加している
という事実に気づかされる機会となった。もともと，このワークキャンプの
キャッチコピーは「あつまれ！　ごちゃまぜの夏」というものであり，参加者
の様々な「当事者性」が浮かび上がり，交差していくような実践が目指されて
いた。メンバーの構成についても，子どもから大人まで，また，国籍や障害も
様々なメンバーが参加しており，どのようにしてインクルーシヴな場を創って
いけるのかということが実践課題となっていた。しかし，頭ではこのようなこ
とをわかっていても，実際に現場に出ると，そうした点に十分に気を回す余裕
がなくなってしまった。筆者にとって，この場面が強く印象に残っているのは，
筆者自身にとっての反省点の一つとなっているからであろう。

　コロナ禍は，自分と異なる立場や状況にある他者（以下，「異質な他者」とい
う）との出会いが極端に制限された期間であった。ワークキャンプは，こうし
たコロナ禍において，異質な他者との出会いを創り出すプログラムであり，異
質な他者との出会いの「型」を実体験を通してまなびほぐせる場であった。「当
事者性の交差」を機軸とした学びを生み出していく上では，異質な他者との出
会いについて頭で理解するだけではなく，身体に埋め込まれた「型」を問い直
していく必要があるのだろう。こうした「型」の問い直しを生み出していくと
ころに，コロナ禍のワークキャンプにおける〈ゆらぎ〉の意義があったのだと
考えられる。

第3節　ポストコロナ社会への希望を紡ぐワークキャンプ研究

　ここまでコロナ禍のワークキャンプにおける筆者自身の〈ゆらぎ〉の分析を
通して，ワークキャンプの学習論のもつ意義について考察してきた。「当事者
性の交差」および〈ゆらぎ〉をめぐる学習論については，『日本福祉教育・ボ
ランティア学習学会研究紀要』の「多文化共生とボランタリズム」の特集にお
いても取り上げられている。この特集の中で，後藤聡美は多文化交流実践にお

ける「当事者性の交差」の起点としての「当事者性の邂逅」[4]の意義について述べている。後藤は、実践の中で生起している「当事者性の邂逅」を分析するにあたり、暫定的に、「当事者性の邂逅」を経験している者を送り手（「当事者性」を発露する側）と受け手（「当事者性」の発露を受け取る側）に弁別した上で、「出会いの成立には、送り手がいかに解放されているか、ということだけではなく、受け手の感性もまた不可欠になる」（後藤, 2022, p.63）として、学習者自身の自律性と感性を重視した学習論を展開している。

　また、小林洋司は、福祉教育・ボランティア学習実践で生じる「conflict」[5]に対して、「立ち止まってその場に居続ける時間であり、結果や答えを急がない態度」（小林, 2022, p.74）である「対峙」概念を提起している。この論文の中で、小林は、「対峙」と学習者の〈ゆらぎ〉の関係について、「『ゆらぎ』がおこる前提として、その場に存在し、居続けようとする構えと、時間が存在している」（小林, 2022, p.77）と述べ、学習者が〈ゆらぎ〉を経験する前に、どのようにして「対峙」の構えと時間を準備するのかという課題があるのではないかと考察している。さらに、小林は、このような「対峙」概念を用いるにあたり、「対峙」のためには精神的な「強さ」が必要であるといった印象を与えかねない点に注意が必要だとして、福祉教育・ボランティア学習が「対峙」を支援する場面や、集団で社会的課題との「対峙」の機会をつくる場面、「対峙」の機会を保障する場面などにおいて、「対峙」概念が応用されていくことが期待されると述べている（同上, p.80）。

　筆者がこれまで論じてきた〈ゆらぎ〉概念について、「当事者性の交差」をめぐる学習論として整理したものを図8-2に示す。まず、〈ゆらぎ〉や「対峙」「当事者性の邂逅」に共通する点として、それぞれが「当事者性の交差」の起点となりうる概念であるという点があげられよう。また、「当事者性の交差」は一回限りのプロセスではなく、単数回あるいは複数回のプログラムにおける異質な他者との出会いを通して、連続的あるいは断続的に起こりうるプロセスだと考えられるため、ここではそのプロセスをサイクルモデルとして表してい

第Ⅲ部　考察・補章

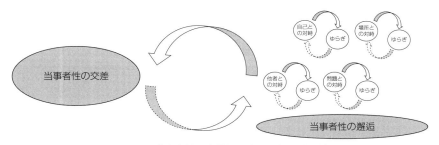

図 8-2　当事者性の交差をめぐる概念図（試案）

る。さらに、「当事者性の邂逅」は、学習が生起する場に注目した概念であり、「対峙」および〈ゆらぎ〉は学習者の置かれている状態や態度を表す概念だと考えられる。したがって、学習が生起する場を長円形で示し、そのような場において様々な次元における「対峙」や〈ゆらぎ〉が起こりうる可能性を示した。

　実践の中で「当事者性の邂逅」が起きた場合、どのような次元の「対峙」や〈ゆらぎ〉が生じやすくなるのかというところまでは明らかにされていないが、学習者固有の「当事者性」が表出されることによって、自己、他者、場所あるいは問題と「対峙」する構えができる場合があると捉えることができよう。また、「対峙」と〈ゆらぎ〉の関係についても、学習者がこれまでに身に付けてきた思考・行動様式および基盤の問い直しを経て、さらに、次の「対峙」への構えが生まれるというプロセスも想定されるためサイクルモデルとして表している。今後、「当事者性の交差」をめぐる学習論をより深化させていくためには、より具体的に、どのような場面で、どのような「当事者性」が交差するのかという点を意識しながら、実践における学習プロセスを精緻に分析していく必要があろう。このような実践と研究を丁寧に積み重ねていくことで、第1章で述べたようなフレイレ（P. Freire）の教育理論における「対話」と「意識化」を実質化するようなワークキャンプ、およびサービス・ラーニングのプログラムの構造が明らかになっていくのではないだろうか。

　改めて、コロナ禍は、異質な他者との出会いが極端に制限された期間であっ

た。これまでの先行研究を踏まえると，後藤のいうところの「当事者性の発露を受け取る側」の「感性」や，小林のいうところの「対峙」の構えをもつことに困難な状況が続いたということであろう。ポストコロナ社会における福祉教育・ボランティア学習実践を発展させていくにあっては，コロナ禍によって硬直してしまった異質な他者との出会いの「型」を，理論と実践の往還を通して，改めて再構築していく必要がある。

　コロナ禍には多くのサービス・ラーニングのプログラムが中止せざるをえない状況に追い込まれた。また，感染リスクが高いとされる施設ではいまだに出会いや交流が制限される状況が続いている。こうした状況をすぐに変えることは難しいが，かつてのセツラーやキャンパーたちが試行錯誤しながら地域住民やフィールドでの生活者あるいは定住的に活動している人々との関係を紡いできたように，ワークキャンプの学習論を考究し続けることによってこそポストコロナ社会への希望が紡がれていくのではないだろうか。

注

⑴　以前，筆者が勤めていた市立の高齢者大学においても「コロナ禍にもかかわらず公園で仲間と集まっている父を止めてほしい。高齢者大学としてそのような指導をしてほしい」という電話があった。

⑵　イギリスの社会学者であるヤング（J. Young）は，後期近代における多元主義的な社会に生きる人々は存在論的不安を抱えており，自らの基盤となる道徳的な正しさを確固たるものとするために「逸脱する他者」に対して懲罰的かつ排他的な行動をとるようになったと分析している（Young, 1999 = 青木ほか訳, 2007, pp.48-52）。

⑶　2020年度にはワークキャンプのシミュレーションプログラムとして，日数を2泊3日，参加者を14名に縮小したプログラムを実施した。

⑷　後藤は「〈当事者性の邂逅〉仮説」について，「特定の問題の影響力が強い場面や特定の方向への志向性の強い教育実践において，異なる複数の当事者性が意図されずに（偶然）接触することが，学習者の当事者性の変容の契機になる」（後藤, 2022, p.59）という点に注目するものであると説明している。

⑸　ここでの「conflict」は「『接近─回避』型の状況にある，個人内に起こる対立状

第Ⅲ部　考察・補章

態，すなわち不安，葛藤，わからなさなどのような同質性に含まれにくい人（々）や，異なる属性に対する個人内に生じる違和感などのように問題とその対処をマニュアルや処方箋のように『簡略化し得ないもの』の総体」（小林, 2022, p.70）と概念規定されている。

終　章

持続可能な共生社会の実現に向けて

1．互恵的な関係の構築から「当事者性の交差」へ

　本書の目的は，ワークキャンプのサービス・ラーニングとしての意義と課題を明らかにすること，すなわち，サービス・ラーニングにおけるボランティア活動の一形態としてのワークキャンプの学習論の意義と課題を考究することにあった。以下では，章ごとの内容を要約し，本書で得られた成果を整理するとともに，最後に今後の研究の展望を論ずる。

　まず，第1章では，文献研究を通して，互恵の概念を基軸としたサービス・ラーニングの定義を示した。文献研究の結果，サービス・ラーニングは，公民権運動，ベトナム反戦運動，貧困との闘いなど，既存の価値観が大きく揺らぐ1960年代のアメリカにおいて，互恵の原理に基づいて生み出された実践であり，そこでは，サービス・ラーニングに関わるあらゆる人々が相互にエンパワメントし合うような関係の構築が目指されていたということが明らかになった。本書では，ジャコビー（B. Jacoby）によるサービス・ラーニングの定義を補足・拡張し，以下のような概念規定を行った。

　　サービス・ラーニングとは，学生の学びや成長を増進するような意図をもって設計された構造的な機会に，学生が人々や地域社会のニーズに対応する活動に従事するような経験教育の一形式である。同時に，学生がコミュニティの抱える現実的な課題解決を通して，その活動に関わるあらゆる人々，

組織，コミュニティのエンパワメントを志向するコミュニティ・エンパワメントの一形式でもある。省察 reflection と互恵 reciprocity は，サービス・ラーニングのキー概念である。互恵的な関係は，対話と意識化によって構築される。

第2章では，国内の大学におけるサービス・ラーニング研究のレビューおよび事例分析を通して，現在行われているサービス・ラーニングの現状と課題を明らかにした。まず，先行研究のレビューの結果，サービス・ラーニングの学習面に注目した研究に比べ，サービスの質や形態を問う研究が少ないという傾向が見出された。また，大学のカリキュラムの中でサービス・ラーニングを実施する上での時間的制約が課題とされていた。次に，こうした課題を踏まえ，国内の大学で取り組まれてきたサービス・ラーニングの事例を分析した結果，広島経済大学で行われていた「興動館プロジェクト」や，大分県立芸術文化短期大学でサービス・ラーニングの実践現場として活用されていた「自分戦略デザイン大学」のように，大学の授業とは独立したところに学びの場が構造化されていることが，大学のカリキュラムとの接合の自由度を高める上で重要な点であるということが見出された。

第3章では，互恵概念を基軸としたサービス・ラーニングを構築しうるボランティア活動として，学生セツルメントおよびワークキャンプの先行研究を取り上げ，両者の学習論の類似性について検討するとともに，今後の研究課題と展望について整理を試みた。まず，両者に類似する学びの特徴として，（1）地域および社会の課題について頭で考えるだけではなく，地域における具体的な活動や交流から摑んでいこうとするプロセス，（2）学生自身が，多層多元的な活動を通して，自分はどんなことに関心があり，どんなことを学びたいのか，どんな生き方をしたいのかということについて，様々な悩みや葛藤を伴いながら意識化していくといったプロセスが重視されてきたという特徴が見出された。そして，学生ボランティアにおける学習論研究の課題として，戦前・戦

後の学生ボランティア活動における学びがその後の人生にどのような影響を与えたのかという観点からの分析，ボランティア活動における参加者の〈ゆらぎ〉を観点とした実証研究，ボランティア活動における学びを長期的なものとして捉え，活動後の多様な経験や出来事の影響を視野に入れた総体として探究していく必要性が見出された。

　第4章から第6章では，ボランティア活動における参加者の〈ゆらぎ〉を観点とした実証研究として，ワークキャンプにおける参加者の学びを分析した。第4章では，まず，学習者の学びの契機となる〈ゆらぎ〉について，以下のように概念規定を行った。

　　　学習者の学びの契機となる〈ゆらぎ〉とは，学習者がこれまでに身につけてきた思考・行動様式および基盤（すなわち「生活世界」）が不安定な状態になること（「ジレンマ」の感覚生起）であり，それは，一定の時間の中で，学習者の思考・行動様式および基盤に関する批判的自己省察（「自己検討」「批判的評価」「深層的なゆらぎ」）や，学習者に影響を与えてきた社会様式への気づきを伴う場合もある。

　次に，活動中の参与観察およびインフォーマル・ヒアリングを踏まえ，ワークキャンプ参加者8名へのインタビュー調査を行った。そして，そこで得られた参加者の「印象に残っていること」を25個のエピソードとして整理し，ワークキャンプにおける多様な学びの契機と様態の描出を試みた。その結果，ワークキャンプには，参加者の迷いや葛藤からなる多様な学びの契機，すなわち，多層多元的な〈ゆらぎ〉の生成場面が存在することが見出された。

　第5章では，ワークキャンプにおける〈ゆらぎ〉の生成プロセスを，より構造的に把握するため，第4章で実施したインタビュー調査のうち，ワークキャンプ初参加者の〈ゆらぎ〉の分析を試みた。その結果，ワークキャンプは，ボランティア活動そのものに関する概念の〈ゆらぎ〉に加え，青年期の特徴とさ

れる「心理・社会的危機」に関連する多様な〈ゆらぎ〉が生まれる実践として意義があるのではないかということ，また，ワークキャンプには，多層多元的な学習構造が内在・外在しており，特に，参加者の行動場面の拡張を促す〈三者関係的相互作用〉が重要な意義をもつのではないかという仮説が得られた。

　第6章では，ワークキャンプ参加者の行動場面の拡張プロセスを含め，より長期的な観点からワークキャンプ参加者の学びを捉えるために，ワークキャンプに複数回参加しているメンバーの学びについて分析した。その結果，スタッフやディレクターといったワークキャンプの運営に近い立場で参加しているメンバーは，活動中に〈ゆらぎ〉を受け止める余裕がなく，〈ゆらぎ〉を意識的あるいは無意識的に留保する状況が生じている可能性が見出された。そして，〈ゆらぎ〉を受け止め，意味づけていくプロセスとして，スタッフやディレクターといった役割経験を積み重ね続けるだけでなく，一度，そうした役割から解放されるような「まなびほぐし」のプロセスが重要な意義をもつのではないかといった仮説が得られた。さらに，こうした「まなびほぐし」を促進するための具体的な方法として，複数回のワークキャンプに異なる役割をもって参加したメンバー同士による相互のインタビュー（ピア・インタビュー）やワークショップ，あるいは，異なるフィールドのワークキャンプに異なる役割をもって参加することが有効なのではないかといった仮説が得られた。

　第7章では，ワークキャンプの学習論として〈緩やかで断続的なゆらぎ〉という概念を示し，そうした学習論をもつワークキャンプのサービス・ラーニングとしての意義と課題について考察した。〈緩やかで断続的なゆらぎ〉は，ワークキャンプ参加者が，当該ワークキャンプの最中あるいは事後直近のプログラムではなく，一定の期間を空けて，その役割から解放された状況下で〈ゆらぎ〉を意味づけていくプロセスにおいて生じる一連の〈ゆらぎ〉のユニットである。〈緩やかで断続的なゆらぎ〉を特徴とするワークキャンプは，ワークキャンプへの多様な立場での参加を可能にする〈多層性〉，対話的な関係によって担保される〈多声性〉によって促進される〈ゆらぎの相互作用モデル〉と捉えるこ

とができる。こうした学習論のもつ意義について考察を行った結果，他者との相互作用の中で〈ゆらぎ〉を受け止めることによって，ワークキャンプ参加者のみならず，実践に関わるあらゆる人々に〈ゆらぎ〉の共振を起こし，金子郁容のいうバルネラビリティを互いに高め合うこと，すなわち，互恵的な関係を構築するためのレディネスを高めていくことに，ワークキャンプのサービス・ラーニングとしての意義があるのではないかという結論を得た。

第8章では，コロナ禍という未曾有の状況下におけるワークキャンプの学習論のもつ意義について，筆者自身の〈ゆらぎ〉の分析を通して考察した。その結果，コロナ禍のワークキャンプは異質な他者との出会いを創り出すプログラムとして機能しており，参加者が異質な他者との出会いの「型」を実体験を通してまなびほぐせる場になりうる可能性が示された。こうした「型」の問い直しを生み出す〈ゆらぎ〉を「当事者性の交差」をめぐる学習論として整理すると，ワークキャンプにおける〈ゆらぎ〉は「当事者性の交差」の起点となりうる学習プロセスであり，今後，「当事者性の交差」をめぐる学習論をより深化させていくためには，より具体的に，どのような場面で，どのような「当事者性」が交差するのかという点を意識しながら，実践における学習プロセスを分析していく必要があることが見出された。

2．学校と社会の相互変容を目指して

最後に，本書の今後の展望と課題について論じておきたい。まず，本書で得られた知見を，大学教育におけるサービス・ラーニングの発展に活かしていくことが考えられる。急速に移り変わる現代社会において，大学教育に求められる役割はますます大きくなっている。そもそも，サービス・ラーニング自体が，大学の専門教育のあり方を問い直す試みから生み出されたものであったが，大学で教育について学ぶ学生もまた，サービス・ラーニングを通して，既存の教育の理論や実践を捉え直していくことが求められる。すなわち，省察と互恵を鍵概念としたサービス・ラーニングを，大学における専門教育，とりわけ教員

養成や社会教育士養成課程の中に位置づけていくことが求められるのではないだろうか。また，互恵概念を原理とするサービス・ラーニングは，地域住民やフィールドでの生活者あるいは定住的に活動している人々と相互にエンパワメントし合う関係の構築を目指す実践であり，ソーシャルワークなどの分野においても重要な学びをもたらすと考えられる。そして，その際，本書において〈緩やかで断続的なゆらぎ〉として概念化したような学びのプロセスを実質化していくためには，大学の授業の一環として1回きりのワークキャンプに参加するというのではなく，学生が複数回のワークキャンプに参加できるような仕組みを整えていくことが求められよう。このような仕組みの中で生み出されるワークキャンプと他の学習プログラムとの連関からなる新たな学習論が，今後の研究課題となるのではないだろうか。また，大学教育のみならず，小学校，中学校，高等学校等におけるサービス・ラーニングに本書で得られた知見を活かしていくことも今後に残された課題である。

　次に，ワークキャンプの生涯学習としての可能性を探っていくことも今後の研究の一つの方向性である。現在，日本の高齢化率は30％に迫る勢いであり，高齢者の学習ニーズに応える社会環境の整備は喫緊の課題となっている。他方，ワークキャンプは，そのプログラムの大部分を肉体労働が占め，もっぱら身体が健康な青年を対象としたボランティア活動として発展してきた。本書で述べてきたように，〈緩やかで断続的なゆらぎ〉を特徴とするワークキャンプは，ワークキャンプへの多様な立場での参加を可能にする〈多層性〉，対話的な関係によって担保される〈多声性〉によって生まれる〈ゆらぎの相互作用モデル〉として捉えることができる。こうした仮説に基づくと，多様な世代の参加を可能にするワークキャンプは，プログラムにおける〈多声性〉を高めていく上で，重要な意義をもつと考えられる。また，近年，「神戸大学・学ぶ楽しみ発見プログラム」[1]のように，障害者の生涯学習の機会を拡充しようという機運も高まっている。老若男女，障害の有無にかかわらず，あらゆる人々が参加できるインクルーシヴなワークキャンプのプログラムはどうあるべきか，そこではどのよ

うな学びのプロセスが生起しうるのかといった観点から，ワークキャンプの新たな可能性を探究していくことも今後の重要な研究課題である。

　さらに，現在求められる共生社会および持続可能な社会づくりに向けた学習論研究として，本書の研究を発展させていくことも大きな課題である。共生社会の実現および持続可能な社会づくりに向けた学習論として，第8章でも述べたように学習者の「当事者性」に注目した学習論が構築されつつある。「当事者性」概念について検討を行った後藤聡美は，その構成要素として，①パラドックスとの身体的つながりの程度，②パラドックスに対する関心の度合い，③パラドックスに関する知識・技術の保有の程度，④パラドックスをめぐる人間関係の濃度，⑤パラドックスに関わろうとする態度・行動の程度，⑥（必ずしもパラドックスに囚われない）未来志向性（希望や活動志向性）の方法と程度，という6つの要素をあげている（後藤, 2021, pp.37-38）。ここでの「パラドックス」は，物理学者であり思想家でもあるボーム（D. J. Bohm）によって生み出された概念であり，不条理や矛盾を単に解決すべき「問題」として捉えるのではなく，「パラドックス」として受け止めることで対話を促進するといった考えから生み出されたものである（Bohm, 1996 = 金井訳, 2007）。しかし，後藤が述べるように現実の実践場面においては，こうしたパラドックスと向き合うことを忌避する学習者も存在する。後藤はこうした学習者のもつ「未来志向性（希望や活動志向性）」が学習者相互の学び合いを通して変容することによって，パラドックスからの忌避を防ぐことができるのではないかと論じている。

　本書で論じてきたワークキャンプの学習論としての〈緩やかで断続的なゆらぎ〉も，後藤の論と一部問題意識を共有するものである。〈緩やかで断続的なゆらぎ〉は，他者との相互作用の中で緩やかに〈ゆらぎ〉を受け止めるという点に特徴がある。そして，〈ゆらぎ〉を受け止める経験を学習者が相互に積み重ねることで，他者との互恵的な関係を構築するためのレディネスが高まることが期待される。こうした意味において，ワークキャンプは，学習者が〈ゆらぎ〉を受け止めるための小さな成功体験を経験するための実践として捉えるこ

ともできよう。田中治彦は，青少年教育の歴史を振り返り，日本社会が高度経済成長から低成長へと転換する頃には，若者の集団離れが顕著になっていたと述べている（田中, 2015, p.134）。物質的な豊かさが増進する反面，他者との相互作用から生じる〈ゆらぎ〉を受け止める経験が乏しくなった現代社会において，ワークキャンプに求められる役割は大きい。

　あらゆる人々が相互に学び合いながら持続可能な社会づくりの主体となっていくためには，異なる価値観やライフスタイルの摩擦や葛藤から生じる〈ゆらぎ〉を受け止め，互恵的な関係を紡いでいくことが求められる。昨今の国際情勢に鑑みると，21世紀に入ってもなお戦争は繰り返され，多くの命が失われている。かつて，第一次世界大戦の戦禍が残るフランスのヴェルダンにおいて，セレゾール（P. Ceresole）らによって行われた最初のワークキャンプは，世界平和への願いを込めて実施されたものであった（大津, 2009）。共生社会および持続可能な社会づくりに向けた学習論を構築していく上では，ワークキャンプを平和・国際理解教育の文脈から改めて捉え直していくことも求められよう。

　　ワークキャンプは，小さな社会である。いろいろな仕事を実験社会のなかに取り入れて，それと日常の生活を結びつけることによって，ひとりひとりがより人間らしく育っていくところである。（中略）実験の「小さな社会」は，企画者の創意によって魅惑にみちた空間になる。しかし，それはあくまでも，その空間を広げ，しだいに現実の「生きた社会」を包みこむためのものである。

　　　　　（全国社会福祉協議会・全国ボランティア活動振興センター編, 1983, pp.28-30）

　福祉教育研究委員会中間報告としてまとめられた『学校外における福祉教育のあり方と推進』（全国社会福祉協議会・全国ボランティア活動振興センター編, 1983）では，ワークキャンプについて，様々な実験的試みや創意工夫を行うことができる「小さな社会」であるとともに，現実の「生きた社会」に影響を与えるべ

終　章　持続可能な共生社会の実現に向けて

クトルをもった実践であるということが述べられていた。こうした運動として
のベクトルも意識しつつ，「当事者性」概念を機軸とした学習論に，ワークキャ
ンプにおける〈ゆらぎ〉の相互作用モデルを接合していくことで，共生社会お
よび持続可能な社会づくりに向けた学習・運動論をさらに発展させていくこと
ができるのではないだろうか。

　ここまで，本書の今後の展望と課題について，学校教育におけるサービス・
ラーニング，生涯学習としてのワークキャンプ，共生社会および持続可能な社
会づくりに向けた学習論・運動論研究の発展という観点から述べてきた。筆者
自身，いまだ道半ばではあるが，大学入学後にワークキャンプという実践に出
合い，大学の授業科目で得た知識とフィールドで得た体験を重ね合わせながら，
共生社会および持続可能な社会づくりの主体形成としての学びを得てきたよう
に思う。筆者は，大学入学時，学校という閉鎖空間におけるいじめ問題を解決
したいという思いから学校教員を目指していた。ボランティア活動に参加した
きっかけも，教員になるからには社会のことを知らなければならない，他者と
の親密な関係づくりが苦手なままではいけないといった個人的な理由からで
あった。しかし，ワークキャンプに参加し，地域住民やフィールドでの生活者
あるいは定住的に活動している人々，そして，ワークキャンプに参加している
メンバーとの対話的関係の中での相互作用を通して，これまでに自分が抱えて
いた問題を相対化し，どのような社会が理想といえるのか，理想の社会の実現
に向けて自分は何をすべきか，といった問いが生まれてきたように思う。そう
した中で，ボランティアやワークキャンプに関わる人々のパッションに触れ，
また，学校外の学びのもつ懐の深さと可能性に触れ，気づけば，十数年の間，
そうした実践に関わってきた。そして，このような魅力溢れる実践を学校教育
と組み合わせることによって，学校のもつ閉鎖性が緩和されるとともに，そこ
での学びがより豊かで充実したものになるのではないか，という着想が本書の
出発点になった。ここでは，ワークキャンプのサービス・ラーニングとしての
意義と課題，すなわち，サービス・ラーニングにおけるボランティア活動の一

187

形態としてのワークキャンプの学習論のもつ意義と課題を考究してきたが，本書で示したワークキャンプおよびサービス・ラーニングの意義と可能性はほんの一部に過ぎない。本書が今後の実践・研究を発展させる一助となれば幸いである。

注

(1) 神戸大学大学院人間発達環境学研究科で2019年より実施されている，知的障害青年を対象とした生涯学習プログラム（以下，「KUPI」という）である。2019年以降，WILL で実施するボランティアプログラムなどの案内を KUPI でも行うようになり，相互交流が生まれている。

おわりに

　本書は，神戸大学大学院人間発達環境学研究科に提出した博士論文「ワーク
キャンプのサービス・ラーニングとしての意義と課題」に，コロナ禍における
ワークキャンプのもつ学習論の意義を考察した論考を加え，加筆修正したもの
です。

　まず，本書の原型となった博士論文の作成にあたり，指導教官として終始熱
心なご指導を賜った松岡広路先生に深く感謝いたします。松岡先生にはワーク
キャンプとサービス・ラーニングというテーマだけが決まっていたものの，ど
のような角度で研究を進めていくのか迷いあぐねていた私を，辛抱強く見守り，
励ましていただきました。松岡先生との研究と実践の双方の場における対話な
くしては博士論文を完成させることはできませんでした。

　また，副指導教員の津田英二先生，稲原美苗先生，そして，審査を務めてく
ださった清野未恵子先生，井口克郎先生にも多くのご教示とご指導をいただき
ました。津田先生には修士の授業の際に研究上の問題意識などを相談する機会
があり，博士論文の執筆の際にも親身になってアドバイスをしていただきまし
た。稲原先生にはまた違った観点から論文に対するご意見をいただき，互恵概
念の意義や可能性について新たな気づきを得ることができました。清野先生に
は ESD プラットフォーム WILL の活動をはじめ，令和2年7月豪雨水害にお
ける復興支援活動，邑久光明園における獣害対策プロジェクトなどの実践を踏
まえ，ゼミ内外で貴重なご意見と励ましの言葉をいただきました。井口先生に
は，大船渡市赤崎町における復興支援活動をはじめ，平成26年8月丹波市豪雨
災害などの実践を踏まえ，批判的思考の重要性や地域への影響の観点について
多くのご示唆をいただきました。

　そして，本研究の実施にあたり，インタビュー調査に快く応じてくれた ESD

プラットフォーム WILL のメンバーはもちろんのこと，長時間にわたる議論を通して対話的に実践を創り上げてきたすべてのメンバーと受け入れ先の方々に感謝いたします。実践の中での気づきや対話なくしては，本書の着想に至ることはありませんでした。また，論文の執筆を応援してくれる仲間がいたからこそ，心折れることなく執筆を続けることができました。とりわけ，ESD プラットフォーム WILL のメンバーであるとともに，同じゼミ仲間でもある後藤聡美氏と同時期に博士論文の執筆にあたれたことは，「当事者性」概念から多くの示唆を得るとともに，論文執筆上の大きな励みとなりました。また，研究の方向性が迷走していた頃に，学生セツルメントという実践に出合い，そこでの学びに触れさせていただいたことも，研究を進めていく上での大きな励みとなりました。学生セツルメントの勉強会に快く受け入れてくださった寒川セツルメントのダッコこと山嵜早苗氏をはじめ，寒川セツルメント，氷川下セツルメントの方々にも深く感謝申し上げます。

　最後に，修士から実践と研究に集中して打ち込むために，半ば事後報告の形で一人暮らしを始めた私を心配しつつも見守り続けてくれた両親，妹，祖父母，叔父，叔母に深く感謝の意を表します。

　なお，本書は，2024（令和6）年度佛教大学研究叢書の出版助成を受けています。本書の出版にあたりましては，佛教大学の皆様とともにミネルヴァ書房の大西光子氏に多大なるお力添えをいただきました。ここに記して心より御礼申し上げます。

　2025年2月

堤　　拓也

190

引用・参考文献

安倍尚紀（2017）「マレーシア国立クランタン大学からの短期留学プログラムの受け入れ——サービスラーニングを通じたイスラム文化間との双方向の学び・地域アーカイブズ構築」『大分県立芸術文化短期大学研究紀要』54，pp.145-166

安倍尚紀・成田誠（2015）「大分県姫島村における魚味噌加工業の進展とサービスラーニング——経営コンサルティングに焦点を当てた NPO 自分戦略デザイン大学の実践」『大分県立芸術文化短期大学研究紀要』52，pp.217-234

安部芳絵（2011）「災害ボランティアのゆらぎと支援者ケア——学習者としてのボランティアの視点から」『早稲田教育学研究』3，pp.27-41

A collaborative project of 77 national and organization（1990）"Principles of Good Practice in Combining Service and Learning," in Kendall, J. C.（Ed.）, *Combining Service and Learning : A Resource Book for Community and Public Service*, National Society for Internships and Experiential Education, 1, pp.37-55

赤司友徳（2020）「戦後九州大学セツルメントの活動と学生意識——1950年代後半，再建期を中心に」『九州文化史研究所紀要』63，pp.73-104

赤沢真世・築田尚晃・小沢道紀・大友智（2013）「大学生のサービスラーニングにおける運動指導が小学校の体育的活動に及ぼす影響の検討——草津市における長縄オリエンテーションを対象として」『立命館高等教育研究』13，pp.107-120

秋吉恵・河井亨（2016）「大学生のリフレクション・プロセスの探究——サービス・ラーニング科目を事例に」『名古屋高等教育研究』16，pp.87-109

Ando, S. M., Sheridan, R., Tanaka, K. M., Carlson, G. D. & Jackson, J. L.（2016a）"Service-learning and English as a foreign language education at Otemae University," *Research and Pedagogy Otemae university Institute of International Education*, 2, pp.3-6

Ando, S. M., Sheridan, R., Mori, N. & Tanaka, K. M.（2016b）"Service-learning in the Philippines : A short-term project for university collaboration," *Research and Pedagogy Otemae university Institute of International Education*, 2, pp.21-38

有満麻美子・高見陽子・中村みどり（2014）「サービスラーニングの実践と理論的枠組

み——短期大学と地域の協働の試みから」『立教女学院短期大学紀要』46，pp.1-18

Bauman, Z.（2000）*Liquid Modernity*, Polity Press（バウマン，Z. 著，森田典正訳（2001）『リキッド・モダニティ——液状化する社会』大月書店）

Beck, U.（1986）*Risikogesellschaft : Auf dem Weg in eine andere Moderne*, Suhrkamp Verlag（ベック，U. 著，東廉・伊藤美登里訳（1998）『危険社会——新しい近代への道』法政大学出版局）

Bohm, D. J.（1996）*On Dialogue*, edited by Lee, N., Routledge（ボーム，D. J. 著，金井真弓訳（2007）『ダイアローグ——対立から共生へ，議論から対話へ』英治出版）

Bronfenbrenner, U.（1979）*The Ecology of Human Development : Experiments by Nature and Design*, Harvard University Press（ブロンフェンブレンナー，U. 著，磯貝芳朗・福富護訳（1996）『人間発達の生態学——発達心理学への挑戦』川島書店）

Buber, M.（1923）*Ich und Du*, Insel（ブーバー，M. 著，植田重雄訳（1979）『我と汝・対話』岩波書店）

Coombs, P. H. & Ahmed, M.（1974）*Attacking Rural Poverty : How Nonformal Education Can Help*, Johns Hopkins Univ. Pr.

Deans, T.（1999）"Service-Learning in Two Keys : Paulo Freire's Critical Pedagogy in Relation to John Dewey's Pragmatism," *Michigan Journal of community service learning*, 6, pp.15-29

Dewey, J.（1916）*Democracy and Education : An Introduction to the Philosophy of Education*, the Macmillan Company（デューイ，J. 著，松野安男訳（1975）『民主主義と教育』岩波書店）

Dewey, J.（1927）*The Public and its Problems*, Henry Holt & Company（デューイ，J. 著，阿部齊訳（2014）『公衆とその諸問題——現代政治の基礎』筑摩書房）

Engeström, Y.（1987）*Learning by Expanding : An Activity-Theoretical Approach to Developmental Research*, Orienta-Konsultit Oy（エンゲストローム，Y. 著，山住勝広・松下佳代・百合草禎二・保坂裕子・庄井良信・手取義宏・高橋登訳（1999）『拡張による学習——活動理論からのアプローチ』新曜社）

Engeström, Y.（2015）*Lerning by Expanding : An Activity-Theoretical Approach to developmental research（2nd ed.）*, Cambridge University Press（エンゲストローム，Y. 著，山住勝広訳（2020）『拡張による学習　完訳増補版——発達研究への活動理論からのアプローチ』新曜社）

引用・参考文献

Erikson, E. H.（1959）*Identity and the Life Cycle*, International University Press（エリクソン, E. H. 著，西平直・中島由恵訳（2011）『アイデンティティとライフサイクル』誠信書房）

Freire, P.（1970）*Pedagogia do Oprimido*, Paz e Terra（フレイレ, P. 著，小沢有作・楠原彰・柿沼秀雄・伊藤周訳（1979）『被抑圧者の教育学』亜紀書房）

藤村好美（2010）『アメリカにおけるサービス・ラーニングの制度化に関する一考察』教育科学，27，pp.5-26

藤山一郎（2011）「海外体験学習による社会的インパクト──大学教育におけるサービスラーニングと国際協力活動」『立命館高等教育研究』11，pp.117-130

福留東土（2019）「日本の大学におけるサービス・ラーニングの動向と課題」『比較教育学研究』59，pp.120-138

福原充（2018）「大学教育における社会連携の一考察──立教大学におけるサービスラーニングに注目して」『立教大学キリスト教教育研究所紀要』35，pp.113-132

Furco, A.（1996）"Service-Learning : A Balanced Approach to Experiential Education," in Taylor, B. & Corporatiion for National Service（Eds.），*Expanding Boundaries : Service and Learning*, Cooperative Education Association, pp.2-6

古橋敬一（2004）「スリランカにおけるサルボダヤ運動とその地域開発の手法──ワークキャンプの可能性と意義を求めて」『経済経営論集』7，pp.103-117

後藤聡美（2021）「当事者性概念の再考──多文化共生社会の創成に資する学習論の構築に向けて」『神戸大学大学院人間発達環境学研究科紀要』15(1)，pp.31-40

後藤聡美（2022）「多文化交流におけるコンヴィヴィアルな空間の意味──〈当事者性の邂逅〉に着目して」『日本福祉教育・ボランティア学習学会研究紀要』39，pp.53-66

原田晃樹（2016）「立教大学の社会連携教育『立教サービスラーニング』新たなスタートへ」『立教』237，pp.16-17

原田正樹（2020）「日本福祉大学における地域連携教育の系譜と特徴──サービスラーニングから COC 事業への展開を中心に」『日本福祉大学全学教育センター紀要』8，pp.3-13

橋本由紀子（2010）「日本の高等教育機関における『サービスラーニング』が学生に与える教育効果について」『吉備国際大学研究紀要』20，pp.19-29

林陸雄（2007）「桃山学院大学における国際ワークキャンプの課題と展望」『桃山学院大

学キリスト教論集』43，pp.43-69

比較教育学会編（2019）「〈特集〉大学のサービス・ラーニング」『比較教育学研究』59

氷川下セツルメント史編纂委員会編（2014）『氷川下セツルメント史――半世紀にわたる活動の記録』エイデル研究所

開浩一・藤崎亮一・神里博武（2003）「大学におけるサービスラーニングの開発に関する研究――概念と取り組みの状況」『長崎ウエスレヤン大学地域総合研究所研究紀要』1（1），pp.9-16

堀出雅人（2017）「大学と地域の連携によるサービス・ラーニングの開発と実践――都市と地方が抱える二つの過疎問題へのアプローチ」『京都華頂大学現代家政学研究――研究報告』7，pp.11-18

保正友子（2003）「蕨はつらつスクール事業の成果についての考察(1)――大学におけるサービス・ラーニング導入の可能性と課題」『埼玉大学紀要』52(2)，pp.143-151

市川浩（1993）『〈身〉の構造』講談社学術文庫

市山雅美・田坂さつき・日高友郎・水月昭道・大野英隆（2009）「ALS当事者との出会いからはじまるサービスラーニング――湘南工科大学・立命館大学・立正大学との連携によるITプロジェクト報告」『湘南工科大学紀要』43(1)，pp.119-134

飯島有美子（2014）「大学におけるサービスラーニング活動としての『やさしい日本語』を使った読み物の制作――在留外国人との共生社会の実現のために」『国際行動学研究』9，pp.35-46

Illich, I.（1971）*The Deschooling Society*, Harper & Row（イリッチ, I. 著，東洋・小澤周三訳（1977）『脱学校の社会』東京創元社）

今津孝次郎（2016）「教員養成における『大学中心』と『学校現場中心』――『サービス・ラーニング』と『学校インターンシップ』」『東邦学誌』45(1)，pp.17-28

Israel, B. A., Checkoway, B., Schulz, A. & Zimmerman, M.（1994）"Health Education and Community Empowerment : Conceptualizing and Measuring Perceptions of Individual, Organizational, and Community Control," *Health Education Quarterly*, 21 (2), pp. 149-170

岩佐礼子（2014）「『持続可能な発展のための内発的教育（内発的ESD）』の構築へ向けて――社会変動・環境変動と向き合う現場における学びのダイナミクスの考察」東京大学大学院新領域創成科学研究科社会文化環境学専攻博士論文

Jacoby, B.（1996）"Service-Learning in Today's Higher Education," in Jacoby, B.（Ed.),

Service Learning in Higher Education : Concepts and Practices, Jossey-Bass, pp.3–25（ジャコビー，B. 著，山田隆一訳（2007）「こんにちの高等教育におけるサービスラーニング」『龍谷大学経済学論集』47（1/2），pp.43–61）

香川秀太（2011）「状況論の拡大――状況的学習，文脈横断，そして共同体間の『境界』を問う議論へ」『認知科学』18(4)，pp.604–623

Kahne, J. & Westheimer, J.（1996）"In the Service of What ?" *The Politics of Service Learning, Phi Delta Kappan*, 77(9)，pp.592–599

金子郁容（1992）『ボランティア――もうひとつの情報社会』岩波書店

唐木清志（2010）『アメリカ公民教育におけるサービス・ラーニング』東信堂

唐木清志（2016）"Current Status and Issues of Service-Learning in Japanese University Education : Referring to Practices at Portland State University,"『筑波大学教育学系論集』41(1)，pp.15–27

河井亨（2014）『大学生の学習ダイナミクス――授業内外のラーニング・ブリッジング』東信堂

河井亨・木村充（2013）「サービス・ラーニングにおけるリフレクションとラーニング・ブリッジングの役割――立命館大学『地域活性化ボランティア』調査を通じて」『日本教育工学会論文誌』36(4)，pp.419–428

川上文雄（2005）「市民教育としてのサービス・ラーニング――一般教育科目『ボランティアを問いなおす』における大学生の活動と学び」『日本福祉教育・ボランティア学習学会年報』10，pp.276–297

河村美穂・諏訪徹・原田正樹（2002）「福祉教育における学習者の内面的変化に関する検討」『日本福祉教育・ボランティア学習学会年報』7，pp.144–170

河村美穂・諏訪徹・原田正樹（2003）「福祉教育における学習者の内面的変化を読み解く――福祉教育実践（高校家庭科）を対象とした質的な研究の試み」『日本福祉教育・ボランティア学習学会年報』8，pp.128–154

河村美穂・諏訪徹・原田正樹（2004）「福祉教育実践における学習者の生活世界の再構築――高校家庭科の授業記録，インタビュー記録をとおして」『日本福祉教育・ボランティア学習学会年報』9，pp.154–179

川田虎男（2013）「大学教育における，サービスラーニング導入の可能性について」『聖学院大学総合研究所 newsletter』23(3)，pp.17–25

Kendall, J. C.（1990）"Combining Service and Learning : An Introduction," in Kendall, J.

C.（Ed.）, *Combining Service and Learning : A Resource Book for Community and Public Service,* National Society for Internships and Experiential Education, 1, pp.1-33.

木村充・中原淳（2012）「サービス・ラーニングが学習成果に及ぼす効果に関する実証的研究——広島経済大学・興動館プロジェクトを事例として」『日本教育工学会論文誌』36（2），pp.69-80

木村充・河井亨（2012）「サービス・ラーニングにおける学生の経験と学習成果に関する研究——立命館大学『地域活性化ボランティア』を事例として」『日本教育工学会論文誌』36（3），pp.227-238

北川隆吉（1956）「学生セツルメント運動の理解と課題について」全国社会福祉協議会編『社会事業』39（12），pp.10-16

小林敬一（2007）「サービス体験を通して心理学を学ぶ——大学の心理学教育におけるサービス・ラーニング」『教育心理学年報』46，pp.149-155

小林洋司（2022）「福祉教育・ボランティア学習における『対峙』の創生——『多文化』共生の実質化を目指して」『日本福祉教育・ボランティア学習学会研究紀要』39，pp.67-81

小島祥美・小林陽・Bui chi Trung（2007）「サービスラーニングの実践とその意義——めいとうボランティア展 in 愛知淑徳大学 CCC を事例として」『愛知淑徳大学コミュニティ・コラボレーション』1，pp.117-126

国際ボランティア学会編（2015）「〈特集〉サービス・ラーニングの可能性」『ボランティア学研究』15

小菅洋史（2020）「短期海外ボランティアによる主観的成長と『社会人基礎力』——ワークキャンプ型とホームステイ型の違いに着目して」『グローバル人材育成教育研究』8（1），pp.1-11

興梠寛（2003）『希望への力——地球市民社会の「ボランティア学」』光生館

鯨岡峻（2005）『エピソード記述入門——実践と質的研究のために』東京大学出版会

久木田純（1998）「エンパワーメントとは何か」久木田純・渡辺文夫編『現代のエスプリ』376，至文堂，pp.10-34

栗田充治（2011）「大学におけるサービスラーニング（ボランティア学習）」『亜細亜大学国際関係紀要』20（1/2），pp.257-270

黒岩亮子（2015）「大学セツルメント活動が地域に果たした役割——日本女子大学 O 町

セツルメントの事例から」『東京社会福祉史研究』9，pp.49-71

日下渉（2015a）「『根拠地』へと下降する安保時代のもうひとつの学生運動」西尾雄志・日下渉・山口健一『承認欲望の社会変革——ワークキャンプにみる若者の連帯技法』京都大学学術出版会，pp.45-76

日下渉（2015b）「『祝祭』の共同性——フィリピン・キャンプにおける素人性の潜在力」西尾雄志・日下渉・山口健一『承認欲望の社会変革——ワークキャンプにみる若者の連帯技法』京都大学学術出版会，pp.105-136

日下渉（2015c）「ワークキャンプの政治的潜在力」西尾雄志・日下渉・山口健一『承認欲望の社会変革——ワークキャンプにみる若者の連帯技法』京都大学学術出版会，pp.214-225

日下渉・西尾雄志・山口健一（2015）「承認欲望の社会変革——ワークキャンプにおける親密性の公共機能」西尾雄志・日下渉・山口健一『承認欲望の社会変革——ワークキャンプにみる若者の連帯技法』京都大学学術出版会，pp.1-17

Lave, J. & Wenger, E. (1991) *Situated Learning : Legitimate Peripheral Participation*, Cambridge University Press（レイヴ, J., ウェンガー, E. 著，佐伯胖訳，福島真人解説（1993）『状況に埋め込まれた学習——正統的周辺参加』産業図書）

眞所佳代（2013）「わが国の高等教育におけるサービス・ラーニングの傾向に関する一考察——学びと貢献，慈善と変革による分類を通して」『創価大学学士課程教育機構』2，pp.111-121

増田啓子・田﨑裕美（2019）「高等教育における社会貢献カリキュラムの構築——課題によるサービス・ラーニング導入の試み」『常葉大学保育学部紀要』6，pp.11-21

松田稔（1978）『ザ・キャンプ——その理論と実際』創元社

松本潔（2002）「『サービスラーニング』の理論と実践——NPO と大学における人的資源の協働事例」『産能短期大学紀要』35，pp.107-119

松岡広路（2000）「学校・家庭・地域の連携による21世紀型の新しい教育の創造——連携の基本的枠組みと展開のビジョン」『総合的な学習で人生設計能力を育てる』ミネルヴァ書房，pp.91-99

松岡広路（2006a）「福祉教育・ボランティア学習の新機軸——当事者性・エンパワメント」『日本福祉教育・ボランティア学習学会年報』11，pp.12-32

松岡広路（2006b）『生涯学習論の探究——交流・解放・ネットワーク』学文社

松岡広路（2009）「福祉教育・ボランティア学習と ESD の関係性——福祉教育から『福

祉教育・ボランティア学習』・ESD へ」『日本福祉教育・ボランティア学習学会研究
紀要』14，pp.8-23

松岡広路（2010）「ボランティア学習」柴田謙治・原田正樹・名賀亨編『ボランティア
論——「広がり」から「深まり」へ』みらい，pp.161-179

松岡広路（2019）「持続可能な共生社会の創造に資するボランティア実践の意義と課題
——〈いのちの持続性〉を問う価値枠に着目して」岡本栄一監修，ボランティアセ
ンター支援機構おおさか編『ボランティア・市民活動実践論』ミネルヴァ書房，
pp.141-156

松谷満・青山鉄兵・田村和寿（2010）「学生のボランティア意識とサービス・ラーニン
グの効果——桐蔭横浜大学スポーツ健康政策学部の取り組みから」『桐蔭論叢』22，
pp.103-114

Melucci, A.（1989）*Nomads of the Present : Social Movement and Individual Needs in Contemporary Society,* Hutchinson（メルッチ, A. 著，山之内靖・貴堂嘉之・宮崎か
すみ訳（1997）『現代に生きる遊牧民——新しい公共空間の創出に向けて』岩波書
店）

Melucci, A.（1996）*Playing Self : Person and Meaning in the Planetary Society,* Cambridge University Press（メルッチ, A. 著，新原道信・長谷川啓介・鈴木鉄忠訳
（2008）『プレイング・セルフ——惑星社会における人間と意味』ハーベスト社）

Mezirow, J.（1991）*Transformative Dimensions of Adult Learning,* Jossey-Bass（メジ
ロー, J. 著，金澤睦・三輪建二監訳（2012）『おとなの学びと変容——変容的学習と
は何か』鳳書房）

Mezirow, J.（2000）*Learning as transformation : Critical perspectives on a theory in progress,* Jossey-Bass

宮崎猛（2013）「サービス・ラーニングにおけるコミュニティ・インパクト（貢献活動
の影響）の捉え——日米の高等教育機関への調査から」『創価大学学士課程支援機
構』2，pp.5-23

森定玲子（2010）「サービス・ラーニングにおける『ふり返り』の視点と方法に関する
一考察——プール学院大学の実践を事例として」『プール学院大学研究紀要』50，
pp.117-128

森定玲子・中島智子・Musselwhite L. Diane（2007）「受入機関におけるサービス・ラー
ニングの意義と課題——プール学院大学の実践を事例として」『プール学院大学研

究紀要』47，pp.139-153

森定玲子・関綾子（2009）「グローバル社会における市民性教育としてのサービス・ラーニング――プール学院大学の実践を事例として」『プール学院大学研究紀要』49，pp.327-339

森定玲子・蔡春花（2013）「コミュニティ・サービス・ラーニング型社会調査の可能性について――プール学院大学の実践を事例として」『ボランティア学研究』13，pp.41-52

宗澤忠雄（2003）「教員養成系大学の学校支援活動とサービスラーニングに関する考察」『日本福祉教育・ボランティア学習学会年報』8，pp.180-202

村上徹也（2007）「大学におけるサービスラーニングへのアプローチ」『愛知淑徳大学コミュニティ・コラボレーション』1，pp.89-103

村上徹也（2012）「サービスラーニングにおけるリフレクション研究の到達点」『日本福祉教育・ボランティア学習学会研究紀要』20，pp.8-18

村上祐介（2015）「『大きな問い』とボランティア活動に関する研究――大学生のスピリチュアリティを育む一事例」『トランスパーソナル心理学／精神医学』14(1)，pp.63-84

Musselwhite L. Diane・関綾子・森定玲子（2008）「サービス・ラーニングのフォロー・アップとしての異文化間リーダーシップ・プログラム――プール学院大学の実践を事例として」『プール学院大学研究紀要』48，pp.93-105

名賀亨（2004）「ボランティア学習プログラムにおける支援者の役割――大阪ボランティア協会『高校生ワークキャンプ』の実践事例をとおして」『日本福祉教育・ボランティア学習学会年報』9，pp.80-105

名賀亨（2014）「いのちの持続性とワークキャンプ運動――いのちの持続性を観点としたワークキャンプ実践分析」『日本福祉教育・ボランティア学習学会研究紀要』24，pp.36-44

名賀亨（2016）「ボランティア活動実践にある学びとプログラムの関係――ワークキャンプを事例として考える」『研究紀要』61，pp.27-40

名賀亨（2019）「ワークキャンプ実践に見る福祉教育そしてボランティア学習」岡本栄一監修，ボランティアセンター支援機構おおさか編『ボランティア・市民活動実践論』ミネルヴァ書房，pp.225-242

長沼豊（2008）『新しいボランティア学習の創造』ミネルヴァ書房

中島智子（2006）「大学におけるサービス・ラーニングの実践——堺市の中国帰国児童
　　生徒教育との関わりを中心に」『部落解放研究——部落解放・人権研究所紀要』172，
　　pp.55-64

中村みどり（2014）「大学における社会貢献活動支援の意義について——大学セツルメ
　　ントの歴史から見いだすもの」『上智大学教育学論集』48，pp.43-56

中根真（2006）「福祉教育における学習者の身体性——知識学習から行動への変容過程
　　の解明のために」『日本福祉教育・ボランティア学習学会年報』11，pp.170-191

中野謙（2020）「中山間地域におけるまちおこしの課題——大学と農村の共創を目指す
　　サービスラーニングの事例より」『産業情報論集』16(1)，pp.1-13

中里陽子・吉村裕子・津曲隆（2015）「サービスラーニングの高等教育における位置づ
　　けとその教育効果を促進する条件について」『アドミニストレーション』22(1)，
　　pp.164-181

日本福祉教育・ボランティア学習学会（2020）「〈特集〉共生社会を創造するサービス・
　　ラーニングの評価」『日本福祉教育・ボランティア学習学会研究紀要』35

西田心平（2009）「コミュニティ・サービスラーニングを通じて学習者は何を学ぶのか
　　——地域活性化ボランティアにおける『学び』の様相」桜井政成・津止正敏編著『ボ
　　ランティア教育の新地平——サービスラーニングの原理と実践』ミネルヴァ書房，
　　pp.104-133

西尾雄志編（2009）『ワークキャンプ——ボランティアの源流』WAVOC

西尾雄志（2014）『ハンセン病の「脱」神話化——自己実現型ボランティアの可能性と
　　陥穽』皓星社

西尾雄志（2015a）「公と私の円環運動——親密圏が秘める公共性」西尾雄志・日下渉・
　　山口健一『承認欲望の社会変革—ワークキャンプにみる若者の連帯技法』京都大学
　　学術出版会，pp.19-44

西尾雄志（2015b）「ワークキャンプの『名づけの力』——中国キャンプの親密圏が秘め
　　る可能性」西尾雄志・日下渉・山口健一『承認欲望の社会変革——ワークキャンプ
　　にみる若者の連帯技法』京都大学学術出版会，pp.77-104

西尾雄志（2015c）「ワークキャンプ論のアリーナへ——執筆者3人のスタンスと論点」
　　西尾雄志・日下渉・山口健一『承認欲望の社会変革——ワークキャンプにみる若者
　　の連帯技法』京都大学学術出版会，pp.226-235

西尾雄志・日下渉・山口健一（2015）『承認欲望の社会変革——ワークキャンプにみる

若者の連帯技法』京都大学学術出版会

西内潔（1956）「現代学生セツルメント運動の特性と傾向」全国社会福祉協議会編『社会事業』39(8)，pp.9-14

西内潔（1959）「日本学生セツルメント運動の研究」『日本セツルメント研究序説』宗高書房，pp.51-65

野坂美穂（2014）「サービスラーニングにおける大学と地域連携の在り方――被災地支援活動に対する地域コミュニティの視点を通じて」『淑徳大学サービスラーニングセンター年報』4(3)，pp.3-12

O'Connell, Jr., W. R. (1973) "Service-Learning as a Strategy for Innovation in Undergraduate Instruction, Service-Learning in the South Higher Education and Public Service 1967-1972," *Southern Regional Education Board*, pp.4-7

岡本栄一監修，守本友美・河内昌彦・立石宏昭編（2005）『ボランティアのすすめ――基礎から実践まで』ミネルヴァ書房

岡本栄一監修，ボランティアセンター支援機構おおさか編（2019）『ボランティア・市民活動実践論』ミネルヴァ書房

岡本周佳（2018）「1950年代後半から1960年代半ばにおける学生セツルメントの展開――社会福祉運動の視点から」『社会事業史研究』54，pp.97-111

岡本周佳（2019）「1960年代後半から1980年代における学生セツルメント運動の展開――人間形成・自己教育の視点から」『社会事業史研究』56，pp.75-90

岡本周佳（2020）「戦後学生セツルメントの展開に関する研究」日本福祉大学大学院福祉社会開発研究科博士論文

岡村直樹（2013）「キリスト教大学における震災ボランティア活動と宗教心の発達――mission 系学校におけるサービスラーニングの観点から」『キリストと世界　東京基督教大学紀要』23，pp.23-47

岡村直樹・徐ユジン（2018）「関東圏のキリスト教系私立大学における震災ボランティア活動とサービスラーニングの導入」『カトリック教育研究』35，pp.17-28

大橋謙策（1986）『地域福祉の展開と福祉教育』全国社会福祉協議会

大橋裕太郎・山地秀美（2016）「サービスラーニングの手法を取り入れた大学での情報教育――『情報ボランティア』の質的分析」『情報処理学会論文誌教育とコンピュータ（TCE）』2(2)，pp.53-65

大谷尚（2019）『質的研究の考え方――研究方法論から SCAT による分析まで』名古屋

大学出版会

大津光男（2009）「ワークキャンプの沿革とFIWC」西尾雄志編『ワークキャンプ――ボランティアの源流』WAVOC，pp.7-16

尾崎新編（1999）『ゆらぐことのできる力――ゆらぎと社会福祉実践』誠信書房

佐伯胖（2012）「『まなびほぐし（アンラーン）』のすすめ」苅宿俊文・佐伯胖・高木光太郎『ワークショップと学び1――まなびを学ぶ』東京大学出版会，pp.27-68

齋藤知明（2020a）「発展的共通教育としての社会貢献活動の活用――大正大学のサービスラーニングの事例から」『地域構想』2，pp.81-92

齋藤知明（2020b）「高等教育におけるサービスラーニングとリフレクション――宗教行事を授業で運営する意義」『日本仏教教育学研究』28，pp.142-147

齊藤ゆか（2007）「『学社融合』社会における高等教育の役割（その2）――サービス・ラーニングを導入した教育的展開のあり方」『聖徳の教え育む技法』2，pp.69-82

坂本文子（2018）「サービスラーニングに基づく大学プログラム開発と地域連携への一考察――宇都宮大学地域デザイン科学部『地域プロジェクト演習』実施準備過程を事例に」『大学地域連携研究　地域と大学を繋ぐコーディネーターネットワーク構築事業』5，pp.23-29

坂本文子（2020a）「日本の大学教育におけるサービス・ラーニングの効果と課題――宇都宮大学『地域プロジェクト演習』における学生，教員，地域パートナーに着目して」『日本福祉教育・ボランティア学習学会研究紀要』34，pp.5-18

坂本文子（2020b）「宇都宮大学『地域プロジェクト演習』を事例としたサービス・ラーニングの効果――2019年度効果測定結果報告」『地域デザイン科学　宇都宮大学地域デザイン科学部研究紀要』8，pp.167-181

桜井政成・津止正敏編著（2009）『ボランティア教育の新地平――サービスラーニングの原理と実践』ミネルヴァ書房

寒川セツルメント史出版プロジェクト編（2018）『寒川セツルメント史――千葉における戦後学生セツルメント運動』本の泉社

佐野司（2015）「大学のサービス・ラーニングにおける発達障害学生への支援――筑波学院大学オフ・キャンパス・プログラムでの取り組みから」『筑波学院大学紀要』10，pp.155-165

佐々木剛・草野篤子（2018）「関東大震災を契機として始まった東京帝国大学セツルメント――世代間交流の視点からの再検討と現代学生ボランティアとの関連性」『日

本世代間交流学会誌』7 (1)，pp.33-45

佐藤陽（2006）「ワークキャンプの評価視点についての基本枠組みに関する考察——ワークキャンプの歴史的経緯と調査研究に基づく有効性の検証をもとに」『十文字学園女子大学人間生活学部紀要』4，pp.153-169

佐藤陽（2010）「実践者が自らの実践を問うための研究方法——福祉教育実践としてのワークキャンプから」『十文字学園女子大学人間生活学部紀要』8，pp.79-93

佐藤陽（2018）「福祉教育実践プログラム『ワークキャンプ』の有用性について」『十文字学園女子大学紀要』48(1)，pp.83-97

佐藤豊（2008）「リベラル・アーツ大学 ICU におけるサービスラーニング」和栗百恵編『体験的な学習とサービス・ラーニング』WAVOC，pp.7-12

澤山利広（2016）「国際協力サービスラーニングによるグローカル人材の育成と多文化共生社会づくり」『アゴラ　天理大学地域文化研究センター紀要』13，pp.13-17

柴田和子・山田一隆・富川拓・中根智子（2017）「日本におけるサービス・ラーニングの展開（11）——東日本大震災におけるボランティア活動経験者の意識や態度『大学生のボランティア活動に関する調査』より」『龍谷大学国際社会文化研究所紀要』19，pp.207-220

Sigmon, R. L.（1990）"Service-Learning : Three Principles," in Kendall, J. C.（Ed.）, *Combining Service and Learning : A Resource Book for Community and Public Service*, National Society for Internships and Experiential Education, 1, pp.56-64

白坂正太・白石義郎（2015）「小学校の特別活動と大学生の子どもの遊び支援活動における互恵性に関する研究——学生プレーワーカーのサービスラーニングに着目して」『久留米大学文学部紀要』10，pp.59-65

白坂正太・渡邊和明（2016）「大学生のボランティア活動を契機としたサービス・ラーニングに関する一考察——子どもの遊び支援活動における大学生のキャリア形成に着目して」『精華女子短期大学研究紀要』42，pp.59-63

Stanton, T. K., Giles Jr, D. E. & Cruz, N. I.（1999）"First Professional Steps : A Journey into Uncharted Territory," in Stanton, T. K., Giles Jr, D. E. & Cruz, N. I.（Eds.）, *Service-Learning : A Movement's Pioneers Reflect on Its Origins, Practice, and Future*. Jossey-Bass Higher and Adult Education Series, Jossey-Bass, pp.53-78

杉原真晃・橋爪孝夫・時任隼平・小田隆治（2015）「サービス・ラーニングにおける現地活動の質の向上——地域住民と大学教員による評価基準の協働的開発」『日本教

育工学会論文誌』38(4)，pp.341-349

杉万俊夫（2013）『グループ・ダイナミックス入門——組織と地域を変える実践学』世界思想社

杉岡秀紀・久保友美（2007）「関西を中心とした大学ボランティアセンターの現状・課題・展望—サービス・ラーニングという新潮流を踏まえて」『社会科学』79，pp.129-158

田島靖則（2002）「大学教育におけるサービス・ラーニングの位置づけ——キリスト教精神の活性化・具体化をめぐって」*Visio : Research reports*, 29, pp.27-40

高萩盾男（1996）「高齢社会とボランタリズム」高橋勇悦・高萩盾男編『高齢化とボランティア社会』弘文堂，pp.1-28

高橋恵子・武石典史・大久保暢子・松谷美和子・田代順子・大垣尚子・宮崎純子（2018）「聖路加国際大学における学部科目『サービスラーニング』の現状と課題」『聖路加国際大学紀要』4，pp.85-90

高橋良輔・三神憲一（2020）「サービス・ラーニングパイロット科目の実践報告——大学と地域のパートナーシップと協働的な学びの形成」『青山スタンダード論集』15，pp.43-60

高野利雄（1982）「青少年の内的欲求に応える福祉教育——ボランティア・ワークキャンプの自己評価に対する影響をめぐって」『上智大学カウンセリング研究』6，pp.63-65

高島進（1957）「戦前における学生セツルメントの性格について——東京帝大セツルメントを中心に」『日本福祉大学研究紀要』1，pp.16-29

高島進（1968）「学生セツルメントの動向」『月刊福祉』51（10），pp.30-33

武田直樹（2011）「日本の大学教育におけるサービスラーニングコーディネーターの現状と課題」『筑波学院大学紀要』6，pp.119-131

田中治彦（2015）『ユースワーク・青少年教育の歴史』東洋館出版社

Tanaka, K. M., Tamura, T., Jackson, J. & Ozaki, K.（2016）"The Otemae-Nagashima UNESCO World Heritage Service Learning Project, Global Issues in Language Education," *Newsletter Issue*, 101, pp.16-17

田坂さつき・石村光敏・水谷光・二見尚之・眞岩宏司・本多博彦・木村広幸・勝尾正秀（2007）「工科系大学におけるサービスラーニング教育——工科系の特質を生かした社会貢献活動実践型授業科目」『湘南工科大学紀要』41(1)，pp.111-123

引用・参考文献

田坂さつき・木枝暢夫・石村光敏・大野英隆・水谷光・二見尚之・眞岩宏司・本多博彦・木村広幸・佐藤博之・水澤弘子（2008）「体験による気づきから学びを引き出す『サービスラーニング』——工科系の特質を生かした社会貢献活動体験型授業科目」『湘南工科大学紀要』42(1)，pp.107-124

寺本博美（2020）「ケア社会におけるサービスラーニングのマクロ文化環境——大学教育におけるパラダイムの転換との関連で」『淑徳大学サービスラーニングセンター年報』10，pp.39-48

冨田沙樹・近森節子・徳永寿老・真田睦浩（2009）「立命館大学における『サービスラーニング』モデルの構築」『大学行政研究』4，pp.33-48

鳥海直美（2008）「ソーシャルワーク教育におけるサービスラーニングの導入と実践——大学とNPOの協働による障害児の余暇活動支援を通して」『千里金蘭大学紀要』5，pp.25-33

津田英二・岸本吉弘・白杉直子・平芳裕子・勅使河原君江・高見泰興・内林加奈・柴田美帆・金澤咲（2015）「学内博物館実習を活用したサービスラーニングの試みと成果——神戸大学発達科学部の実験的な取り組み」『日本教育大学協会研究年報』33，pp.87-99

堤拓也（2022a）「学生セツルメントおよびワークキャンプに関する研究の課題と展望——ボランティアの学びに注目して」『神戸大学大学院人間発達環境学研究科研究紀要』15(2)，pp.39-51

堤拓也（2022b）「ワークキャンプにおける多層多元的な学習構造の意義——参加者のゆらぎの生成プロセスに注目して」『日本福祉教育・ボランティア学習学会研究紀要』38，pp.76-89

堤拓也（2022c）「ワークキャンプにおける複数の役割経験から生じるゆらぎの意義——まなびほぐしのプロセスに注目して」『日本福祉教育・ボランティア学習学会研究紀要』39，pp.114-128

堤拓也（2023）「コロナ禍の福祉教育・ボランティア学習実践における〈ゆらぎ〉の意義——ワークキャンプにおける異質な他者との出会いの『型』のまなびほぐし」『日本福祉教育・ボランティア学習学会研究紀要』41，pp.11-18

上田勇仁（2011）「サービスラーニングの視点からみた愛媛大学スチューデント・キャンパス・ボランティア——愛媛大学スチューデント・キャンパス・ボランティアの現状と課題」『大学教育実践ジャーナル』9，pp.59-64

若槻健（2008）「大学と地域社会をつなぐサービス・ラーニング」『甲子園大学紀要』35，pp.21-28

渡邊均（2008）「人間科学部コミュニティー・サービス・ラーニングの概要」『西南学院大学人間科学論集』3（2），pp.223-238

渡邊和志・佐藤晋治（2017）「大学1年次におけるサービスラーニングとその効果に関する研究」『教育実践総合センター紀要』34，pp.109-123

Ward, K. & Wolf-Wendel, L.（2000）"Community-centered service learning," *The American Behavioral Scientist*, 43（5），pp.767-780

山田一隆（2009）「経済（学）教育とサービスラーニング——龍谷大学経済学部サービスラーニングセンターの取り組みを通して」『経済教育』28，pp.171-186

山田一隆・尾崎慶太（2013）「サービスラーニング受講を契機とした大学生の態度特性変化——活動の随意性に注目して」『日本福祉教育・ボランティア学習学会研究紀要』22，pp.77-88

山田一隆・富川拓・大束貢生（2017）「日本におけるサービス・ラーニングの展開（10）——高校時代のボランティア活動経験類型からみた大学生の態度や行動」『龍谷大学国際社会文化研究所紀要』19，pp.189-206

山田正行（2010）『アイデンティティと時代——一九七〇年代の東大・セツルの体験から』同時代社

山田正行（2012a）「帝大セツルメントに関する一考察」『社会教育学研究』24，pp.30-46

山田正行（2012b）「亀有セツルメントの創生期——帝大セツルメントから東大セツルメントへの歴史において」『社会教育学研究』25，pp.34-102

山田正行（2015）「学生セツルメントに関する資料を読むために」『社会教育学研究』35，pp.1-16

山口健一（2015a）「〈つながり〉の現地変革としてのワークキャンプ——東日本大震災における唐桑キャンプの経緯と意味世界」西尾雄志・日下渉・山口健一『承認欲望の社会変革——ワークキャンプにみる若者の連帯技法』京都大学学術出版会, pp.137-168

山口健一（2015b）「ワークキャンプにおける〈公共的な親密圏〉生成——唐桑キャンプにおける若者ボランティア活動の意義と危険性」『承認欲望の社会変革——ワークキャンプにみる若者の連帯技法』京都大学学術出版会，pp.169-202

山口健一（2016）「社会理論と事例研究の間で『生の技法を分析する』——『ボランティ

ア』とワークキャンプ」『都市経営』9，pp.35-51

山口健一（2020）「災害ワークキャンプが作ったもの――住民からみた『唐桑キャンプ』」『都市経営』12，pp.99-115

山本秀樹（2010）「ジェネリックスキルの獲得に向けた大学教育プログラムの研究――海外サービスラーニング（カンボジア）における実践から」『研究紀要』11，pp.47-55

山崎祐一（2013）「異文化間コミュニケーション能力と英語学習に対するモチベーションの向上を目的とした大学生の国際サービスラーニング」『比較文化研究』107，pp.183-194

山浦和彦・丹野傑史（2019）「サービス・ラーニングを通じた学生の学びと変容およびその課題――長野大学での取り組み」『長野大学地域共生福祉論集』13，pp.26-36

山浦和彦・早坂淳・丹野傑史（2020）「長野大学教職課程におけるサービス・ラーニングの実際と成果・課題――地域活動の振り返りの形態に着目して」『長野大学地域共生福祉論集』14，pp.8-22

安原昇（1971）「ボランティアグループづくり ABC」『社会教育』26(4)，pp.46-49

Young, J.（1999）*The Exclusive Society : Social Exclusion, Crime and Difference in Late Modernity*, SAGE Publications（ヤング, J. 著，青木秀男・伊藤泰郎・岸政彦・村澤真保呂訳（2007）『排除型社会――後期近代における犯罪・雇用・差異』洛北出版）

全国社会福祉協議会・全国ボランティア活動振興センター編（1983）『学校外における福祉教育のあり方と推進』全国社会福祉協議会・全国ボランティア活動振興センター

人名索引

あ 行

赤司友徳　57
安倍尚紀　47
イスラエル（B. A. Israel）　23-25
市川浩　157
岩佐礼子　124
ウェンガー（E. Wenger）　92, 148
エリクソン（E. H. Erikson）　134, 139, 140, 156
エンゲストローム（Y. Engeström）　124
大谷尚　127
大橋謙策　167
岡本周佳　56-58, 72, 73, 76
オコンネル（W. R. O'Connell）　12
尾崎新　90, 161, 162

か 行

香川秀太　124
金子郁容　166
唐木清志　37, 47
河村美穂　90, 156
北川隆吉　53
クームス（P. H. Coombs）　7
久木田純　8, 17
日下渉　59-65
草野篤子　58
黒岩亮子　57
ケンダル（J. C. Kendall）　12, 14-16
小菅洋史　71
後藤聡美　174, 185
小林洋司　175

さ 行

佐伯胖　1, 7
佐々木剛　58
佐藤陽　5, 70, 87, 88
シグモン（R. Sigmon）　16
ジマーマン（M. Zimmerman）　23
ジャコビー（B. Jacoby）　11, 14
シュルツ（A. Schulz）　23
ジョーンズ（T. E. Jones）　4
白坂正太　49
杉万俊夫　92, 93, 151
諏訪徹　90, 156
セレゾール（P. Ceresole）　4

た 行

高島進　52, 54
高野利雄　71
高萩盾男　157
田中治彦　186
チェコウェイ（B. Checkoway）　23
ディーンズ（T. Deans）　18-21
デューイ（J. Dewey）　18-21

な 行

名賀亨　65-69, 87-89
長沼豊　7
中根真　157, 158
中野謙　35
中村みどり　57
西内潔　54
西尾雄志　59-65, 164

209

は　行

バウマン（Z. Bauman）　3
林陸雄　69
原田正樹　90, 156-158
ブーバー（M. Buber）　5, 8
福留東土　37, 38
藤村好美　8
古橋敬一　67
フレイレ（P. Freire）　5, 8, 18-23, 25, 28, 165,
　　166, 176
ブロンフェンブレンナー（U. Bronfenbrenner）
　　135
ベック（U. Beck）　3
ボーム（D. J. Bohm）　185

ま　行

松岡広路　7, 28, 48, 65-68, 170

眞所佳代　35
村上徹也　34
村上祐介　155, 156
メジロー（J. Mezirow）　91

や　行

山口健一　59-65, 167
山田一隆　27
山田正行　56
ヤング（J. Young）　177

ら・わ　行

レイヴ（J. Lave）　92, 148
渡邊和明　49

事 項 索 引

あ 行

アイデンティティ　64
意識化　25, 26, 72
異質な他者　174
痛み　158, 167
意味パースペクティブ　91
インフォーマル教育　7
エクソシステム　136
エピソード記述　172
エンパワメント　2, 8, 17, 18, 28
大きな問い　156

か 行

学習の軌跡　148
学生セツルメント　51, 72, 73, 76
型　1, 2, 7, 174
課題提起型教育　22, 23
活動システム　90, 124
かや（蚊帳）　93, 151
協働的活動（associated activity）　19
切り結び　157, 167
グループ・ダイナミクス　92
公衆（public）　19-21
行動場面　136
互恵的な関係　17, 165
コミュニティ・エンパワメント　23-25
　個人レベルのエンパワメント　24
　コミュニティレベルのエンパワメント　24
　組織レベルのエンパワメント　24

さ 行

サービスと学習の不可分性　14
サービス・ラーニング　ii, 1, 2, 7, 11, 12, 26, 27
　——における学習と互恵　15
　——における時間的制約　38
　——における学び　7
　——の三原則　16
〈三者関係的相互作用〉　137
社会的実験室　55
状況論　81
心理・社会的危機　134, 135, 139
スピリチュアリティ　156
生活世界　90
生成語　165
生態学的システム　135, 136
正統的周辺参加　92
青年期　134, 139
全米インターンシップ・経験教育協会　12
全米経験教育協会　14
善良な市民（good citizen）　19

た 行

大学拡張　55
大共同社会（the Great Community）　19, 20
対峙　175
対話　8, 23, 26
対話的関係　5, 23, 165
多層多元的な学習構造　77
探究（inquiry）　20, 21
〈直接体験〉　136
当事者性　170

——の邂逅　175, 177
——の交差　170, 171, 175, 176

な　行

〈二者関係的相互作用〉　137
ノンフォーマル教育　7

は　行

排除型社会　169, 177
バルネラブル　166
批判的共同探究者　22, 23, 26
フォーマル教育　7
変容的学習　91
ボランティア活動　i, ii
——体験学習　7
——における教育機能　49
——における学び　72-75

ま　行

マイクロシステム　135
マクロシステム　136
学び　7, 8
——のダイナミクス　81, 151
まなびほぐし　1, 2, 151, 152
身分けと身知り　157
メゾシステム　135

や　行

〈ゆらぎ〉　2, 89-92, 156, 157, 161-163
——の学習論　68, 74, 75, 161-166
——のカテゴリ　134, 135
深層的な——　90, 91
小さな——　158
表層的な——　90, 91
〈ゆらぎの相互作用モデル〉　163
〈緩やかで断続的なゆらぎ〉　159-161

わ　行

ワークキャンプ　i, 3, 4, 51, 72, 73, 76, 81, 82
——における学び　87-89

欧　文

ESD プラットフォーム WILL　82
SCAT　126, 127

◎著者紹介◎

堤　拓也 (つつみ・たくや)

2023年神戸大学大学院人間発達環境学研究科（後期課程）修了。博士（学術）。現在，佛教大学教育学部特別任用教員（講師）。

主著に「ワークキャンプにおける多層多元的な学習構造の意義――参加者のゆらぎの生成プロセスに注目して」（『日本福祉教育・ボランティア学習学会研究紀要』38号，日本福祉教育・ボランティア学習学会，2022年），「ワークキャンプにおける複数の役割経験から生じるゆらぎの意義――まなびほぐしのプロセスに注目して」（『日本福祉教育・ボランティア学習学会研究紀要』39号，日本福祉教育・ボランティア学習学会，2022年）などがある。

佛教大学研究叢書 49

新たなワークキャンプ実践の可能性

2025（令和7）年3月10日発行

定価：本体7,200円（税別）

著　者	堤　拓也	
発行者	佛教大学長　伊藤真宏	
発行所	佛教大学	
	〒603-8301　京都市北区紫野北花ノ坊町96	
	電話075-491-2141（代表）	
制　作発　売	株式会社　ミネルヴァ書房	
	〒607-8494　京都市山科区日ノ岡堤谷町1	
	電話075-581-5191（代表）	

印　刷　亜細亜印刷株式会社
製　本　新生製本株式会社

© Bukkyo University, 2025　ISBN978-4-623-09867-5　C3037

『佛教大学研究叢書』の刊行にあたって

二十一世紀をむかえ、高等教育をめぐる課題は様々な様相を呈してきています。科学技術の急速な発展は、社会のグローバル化、情報化を著しく促進し、日本全体が知的基盤の確立に大きく動き出しています。そのような中、高等教育機関である大学に対し、「大学の使命」を明確に社会に発信していくことが求められています。

本学では、こうした状況や課題に対処すべく、本学の建学の理念を高揚し、学術研究の振興に資するため、顕著な業績をあげた本学有縁の研究者に対する助成事業として、平成十五年四月に「佛教大学学術振興資金」の制度を設けました。本『佛教大学研究叢書』の刊行は、「学術賞の贈呈」と並び、学振興資金制度による事業の大きな柱となっています。

多年にわたる研究の成果は、研究者個人の功績であることは勿論ですが、同時に本学の貴重な知的財産としてこれを蓄積し活用していく必要があります。また、叢書として刊行することにより、研究成果を社会に発信し、二十一世紀の知的基盤社会を豊かに発展させることに貢献するとともに、大学の知を創出していく取り組みとなるよう、継続してまいりました。

しかしながら、この度、諸般の事情に鑑み、令和七年三月をもって刊行を終了することとなりました。創刊から十九年間にわたり、ご支援を賜りましたことを感謝申し上げます。

佛教大学